普通高等教育经济管理类"十四五"规划教材

审计综合案例实训

SHENJI ZONGHE ANLI SHIXUN

主　编　万依云　邢小丽　主晓蓉
副主编　韩君彦　李丽莹　李婉琼
　　　　黄　莎　吴　艳　黄秋香

华中科技大学出版社
http://press.hust.edu.cn
中国·武汉

图书在版编目(CIP)数据

审计综合案例实训/万依云,邢小丽,主晓蓉主编.—武汉:华中科技大学出版社,2024.4
ISBN 978-7-5772-0776-6

Ⅰ.①审… Ⅱ.①万… ②邢… ③主… Ⅲ.①审计学-教材 Ⅳ.①F239.0

中国国家版本馆 CIP 数据核字(2024)第 073665 号

审计综合案例实训　　　　　　　　　　　　　　　　万依云　邢小丽　主晓蓉　主编
Shenji Zonghe Anli Shixun

策划编辑：聂亚文
责任编辑：史永霞
封面设计：孢　子
责任监印：朱　玢
出版发行：华中科技大学出版社(中国•武汉)　　电话:(027)81321913
　　　　　武汉市东湖新技术开发区华工科技园　　邮编:430223
录　　排：武汉蓝色匠心图文设计有限公司
印　　刷：武汉科源印刷设计有限公司
开　　本：787mm×1092mm　1/16
印　　张：16.5
字　　数：426 千字
版　　次：2024 年 4 月第 1 版第 1 次印刷
定　　价：49.80 元

本书若有印装质量问题,请向出版社营销中心调换
全国免费服务热线：400-6679-118　竭诚为您服务
版权所有　侵权必究

前言

综合案例

试题库

我国高度重视审计信息化，建设审计信息化教材是教育者不可推卸的责任。《审计综合案例实训》依托审计综合案例实训平台软件完成，运用系统性、完整性的实训案例进行审计综合培养训练，克服了传统审计教学的弊端。审计综合案例实训平台提供的审计项目能够让学生与所学的审计理论在具体审计过程中进行融合，切切实实地理解审计的原理，进而解决实际问题。

本书以一家生产制造企业的审计实务工作展开设计，提供相关报表，并配备常见的审计问题，进一步贴近实际审计工作，成为课堂理论教学和社会实践经验之间的桥梁。

本书的特点主要体现在以下几个方面：

(1) 电脑、终端、手机三位一体，学生可以随时随地完成学习。学习不再只属于课堂，不再局限于在有限的实验室机房中使用软件，学习可多方位地切入学生生活，精准提高学习效率。

(2) 模拟现实审计环境。企业审计过程融合了会计师事务所审计过程中经常碰到的审计问题的发现及解决，更加符合学校的理论教学和实际教学的需要。

(3) 充分模拟现实审计实务工作。以企业承接审计业务—制订审计计划—进行审计—出具审计报告为主线，审计项目前后勾稽，具有良好的系统性，完全按照会计师事务所的工作流程进行仿真实训。

审计综合案例实训平台支持个人审计实训和分岗审计实训。教师可根据审计课程安排、实际教学情况进行选择，同时可根据教案进行审计分项实训。教师通过该平台提供的教务管理功能，可以对实习学生、实习内容和实习成果进行全方位的监控、评价和反馈。该平台还有自动判卷的在线考试功能，允许教师进行实习考核、检验学生学习效果。

处于"大智移云物区"的环境，"审计学"课程需要辅以实训操作，在大量的案例中提升学生的职业敏感度和软件操作能力。本书对专业课程的建设进行大胆重构和实践，为科研、教研、资源共享和授课提供协同育人、产教融合的在线平台。教师可在审计理论教学结束后进行综合性的实训。

本书是主编所主持海南省高等学校教育教学改革研究重点项目"智能财务背景下基于产教融合的财会专业一流本科课程体系建设"(HNjg2024ZD-63)及教育部2022年第一批产学研合作协同育人项目"基于科云财务大数据方向的课程建设及教学改革研究"(220601314244810)的配套成果。

本书由琼台师范学院万侬云、邢小丽、主晓蓉担任主编，由海南政法职业学院韩君彦，琼台师范学院李丽莹、李婉琼，武汉工程大学黄莎，交通运输部水运科学研究院吴艳和厦门科云信息科技有限公司黄秋香担任副主编。本书编写得到参编单位的大力支持，是产业学院建设中的重要支撑项目，也是自贸港智能财务教育研究中心、海南省在线精品课程"审计学"的配套研究成果。

本书可作为高等学校相关专业实训教材，也可供从业人员学习和参考。

本书配有"综合案例"和"试题库"，可扫描上面的二维码阅读。

由于编写时间紧迫，书中难免存在不足之处，敬请广大师生批评指正。

编者
2023 年 9 月

目 录

综合实训一 ··· 1

综合实训二 ··· 17

综合实训三 ··· 24

综合实训四 ··· 35

综合实训五 ··· 66

综合实训六 ··· 98

综合实训七 ··· 135

综合实训八 ··· 159

综合实训九 ··· 231

综合实训十 ··· 245

综合实训一

被审计单位基本情况

1. 公司概况

北京科云家具制造有限公司于 2018 年 12 月 1 日领取了北京市工商行政管理局核发的 21278926-3 号企业法人营业执照,注册资本 580 万元。注册地址:北京市高新园区 9 号。法定代表人:许建辉。北京科云家具制造有限公司主营自己生产的办公桌和家用餐桌以及外购一部分实木家用餐桌椅。北京科云家具制造有限公司处于逐步开拓阶段。公司设有总经办、行政部、财务部、市场部、采购部、仓库、生产车间。

公司拥有运输设备小汽车 1 辆,专用设备 1 号生产线和 2 号生产线,以及通用设备电脑、打印机等。假设公司的固定资产、存货、无形资产不存在减值的情况。

公司外购无形资产画图软件,预计收益年限为 10 年,无残值。

公司的周转材料(螺丝、包装箱、工作服)归类为低值易耗品。

差旅费情况:差旅费报销分为两种模式。一、实报实销:出差先由员工自己出钱取得相应发票,然后将发票拿回公司,实报实销。二、预借差旅费:员工出差先预借差旅费,等出差回来再拿发票进行报销。

2. 背景介绍

总经理在企业刚成立的时候就提出 7 年内在创业板上市的阶段性目标,因此前任会计制定了会计政策,由于个人原因,前任会计于 2018 年年底辞职,接手的会计为刚毕业的会计学本科学生,故账务处理可能存在一些不符合会计政策的情况。

3. 主要税种及税率

税种	计税依据	税率
增值税	产品销售增值额	13%
消费税	无	无
营业税	无	无
城市维护建设税	应交流转税额	7%
企业所得税	应纳税所得额	20%
教育费附加	应交流转税额	3%
地方教育费附加	应交流转税额	2%

被审计单位诚信的查阅记录(一)

所属会计师事务所:信达会计师事务所　　审核员:　　　　　　索引号:A1-2
被审计单位:北京科云家具制造有限公司
审查项目:　　　　　　　　　　　　会计期间:2019 年度　　日期:2019.10.15

序号	查阅内容	查阅记录	信息来源
1	搜索被审计单位及主要股东发生变动的重大事项		
2	……经理、财务负责人道德方面是否存在重大事项		
3	搜索关联企业道德方面发生的重大事项		
4	查阅主管部门、监管机构、法律顾问等相关资料,确认是否存在……		
5	需查阅的其他事项		

调查结论:

被审计单位诚信的查阅记录(二)

所属会计师事务所:信达会计师事务所　　审核员:　　　　　　索引号:A1-3
被审计单位:北京科云家具制造有限公司
审查项目:　　　　　　　　　　　　会计期间:2019 年度　　日期:2019.10.15

序号	调查内容	调查记录	调查方式及对象
1	被审计单位所有者或者关键管理人员是否发生重大变动		
2	是否有迹象表明管理层不够诚信		
3	被审计单位是否存在舞弊或违法行为,或已受到舞弊方面的指控		

续表

序号	调查内容	调查记录	调查方式及对象
4	被审计单位是否曾就审计范围向项目组成员施加限制		
5	被审计单位的主要股东、关键管理人员及治理层对内部控制环境和会计准则……		
6	被审计单位是否过分考虑将会计师事务所的收费维持在尽可能低的水平		
7	工作范围是否存在受到不适当限制的迹象		
8	被审计单位可能涉嫌洗钱或其他刑事犯罪行为的迹象		
9	关键管理人员是否更换频繁		

调查结论：

本所项目组的时间和资源的调查记录

所属会计师事务所：信达会计师事务所　　　审核员：　　　索引号：A1-4
被审计单位：北京科云家具制造有限公司
审查项目：　　　　　　　　　　　　　　会计期间：2019年度　　日期：2019.10.15

序号	调查内容	调查记录	调查方式及对象
1	根据本所目前的人力资源情况，是否拥有足够的具有必要素质和……		
2	是否能够在提交报告的最后期限内完成业务		

调查结论：

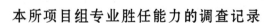

本所项目组专业胜任能力的调查记录

所属会计师事务所:信达会计师事务所　　审核员:　　　　索引号:A1-5
被审计单位:北京科云家具制造有限公司
审查项目:　　　　　　　　会计期间:2019 年度　　日期:2019.10.15

序号	调查内容	调查记录	调查方式及对象
1	初步确定的项目组关键人员是否熟悉项目相关行业或相近行业		
2	初步确定的项目组关键人员是否具有执行类似业务的经验,或是否具备……		
3	初步确定的项目组关键人员是否具有足够胜任能力,主要包括教育背景或……		
4	在需要时,是否能够得到项目组以外的专家帮助		

调查结论:

项目组人员独立性确认书

所属会计师事务所:信达会计师事务所　　审核员:　　　　索引号:A1-6
被审计单位:北京科云家具制造有限公司
审查项目:　　　　　　　　会计期间:2019 年度　　日期:2019.10.15

序号	项目	主要条款内容	是或否
1	经济利益	项目组成员或其近亲属在审计客户中拥有直接经济利益或重大间接经济利益	
		项目组成员或其主要近亲属在某实体中拥有直接经济利益或重大间接经济利益……	
		当其他合伙人与执行审计业务的项目合伙人同处一个分部时,所在分部的……	
		为审计客户提供非审计服务的其他合伙人或其主要近亲属、管理人员或……	
		项目组成员或其主要近亲属在某一实体拥有经济利益,并且审计客户也在……	

续表

序号	项目	主要条款内容	是或否
1	经济利益	……拥有经济利益,并且知悉审计客户的董事、高级管理人员或具有控制权……	
2	贷款和担保	项目组成员或其主要近亲属不按照正常的程序、条款和条件从银行或类似……	
		项目组成员或其主要近亲属从不属于银行或类似金融机构的审计客户取得……	
		项目组成员或其主要近亲属向审计客户提供贷款或担保	
3	商业关系	项目组成员或其主要近亲属在与客户或其控股股东、董事、高级管理人员……	
		项目组成员或其主要近亲属在某股东人数有限的实体中拥有经济利益,而……	
		项目组成员或其主要近亲属向审计客户购买商品或服务,且不按照正常的……	
4	家庭和私人关系	项目组成员的主要近亲属是审计客户的董事、高级管理人员或特定员工……	
		项目组成员的主要近亲属在审计客户中所处职位能够对客户的财务状况……	
		项目组成员的其他近亲属是审计客户的董事、高级管理人员或特定员工	
		项目组成员与审计客户的员工存在密切关系,并且该员工是审计客户的董事、高级管理人员或特定员工	
		事务所中审计项目组以外的合伙人或员工,与审计客户的董事、高级管理人员或特定员工……	
5	与审计客户发生雇用关系	项目组前任成员或事务所前任合伙人加入审计客户担任董事、高级管理人员或特定员工,并且与事务所仍保持重要交往	
		项目组前任成员或会计师事务所前任合伙人加入审计客户担任董事、高级管理人员或特定员工,但前任成员或前任合伙人与事务所已经没有重要交往	
		前任合伙人加入某一实体,而该实体随后成为事务所的审计客户	

续表

序号	项目	主要条款内容	是或否
5	与审计客户发生雇用关系	项目组某一成员参与审计业务,且知道自己在未来某一时间将要或有可能加入审计客户	
		关键审计合伙人加入属于公众利益实体的审计客户担任董事、高级管理人员或特定员工	
		前任高级合伙人加入属于公众利益实体的审计客户担任董事、高级管理人员或特定员工	
		由于企业合并,前任关键审计合伙人担任属于公众利益实体的审计客户的董事、高级管理人员或特定员工	
6	临时借出员工	向审计客户借出员工	
7	项目组成员最近曾任审计客户的董事、高级管理人员或特定员工	项目组成员在财务报表涵盖的期间内曾担任审计客户的董事、高级管理人员或特定员工	
		项目组成员在财务报表涵盖的期间以前曾担任审计客户的董事、高级管理人员或特定员工	
8	兼任审计客户的董事或高级管理人员	合伙人或员工兼任审计客户的董事、高级管理人员或公司秘书	
9	与审计客户长期存在业务关系	长期委派同一名合伙人或高级员工执行某一客户的审计业务	
10	为审计客户提供非鉴证服务	在审计客户解决纠纷或法律诉讼时,事务所人员担任辩护人	
		事务所的合伙人或员工担任审计客户首席法律顾问	
11	薪酬和业绩评价政策	项目组成员或关键合伙人的薪酬或业绩评价与其向审计客户推销的非鉴证服务挂钩	
12	礼品和款待	项目组成员接受审计客户的礼品或款待	
13	诉讼或诉讼威胁	项目组成员与审计客户发生诉讼或很可能发生诉讼	

事务所独立性确认书

所属会计师事务所：信达会计师事务所　　审核员：　　　　　　索引号：A1-7
被审计单位：北京科云家具制造有限公司
审查项目：　　　　　　　　　　　　会计期间：2019年度　　日期：2019.10.15

序号	项目	主要条款内容	是或否
1	经济利益	事务所在审计客户中拥有直接经济利益或重大间接经济利益	
		事务所在某实体中拥有直接经济利益或重大间接经济利益,该实体在审计……	
		事务所在某一实体拥有经济利益,并且审计客户也在该实体拥有经济利益……	
		事务所在某一实体拥有经济利益,并且知悉审计客户的董事、高级管理人员……	
2	贷款和担保	事务所不按照正常的程序、条款和条件从银行或类似金融机构等审计客户……	
		事务所按照正常的贷款程序、条款和条件,从银行或类似金融机构等审计……	
		事务所从不属于银行或类似金融机构的审计客户取得贷款或担保	
		事务所向审计客户提供贷款或担保	
3	商业关系	事务所在与客户或其控股股东、董事、高级管理人员共同开办的企业中……	
		按照协议,将事务所的产品或服务与客户的产品或服务结合在一起,并以……	
		按照协议,事务所销售或推广客户的产品或服务,或者客户销售或推广……	
		事务所在某股东人数有限的实体中拥有经济利益,而审计客户或其董事……	
		事务所向审计客户购买商品或服务,且不按照正常的商业程序公平交易……	

续表

序号	项目	主要条款内容	是或否
4	为审计客户提供非鉴证服务	事务所承担审计客户的管理层职责	
		事务所为审计客户提供编制会计记录和财务报表服务	
		事务所向审计客户提供评估服务	
		事务所向审计客户提供某些税务服务,如基于编制会计分录的目的,为审计客户……	
		事务所向审计客户提供内部审计服务,并在执行财务报表审计时利用内部审计的工作……	
		事务所向审计客户提供有关信息技术系统的设计或操作服务,且信息技术系统构成财务报告……	
		事务所向审计客户提供诉讼支持服务	
		事务所在审计客户执行某项交易时向其提供法律服务,例如提供合同……	
		事务所为审计客户提供人员招聘服务	
		事务所为审计客户提供财务服务	
5	收费	事务所从某一审计客户收取的全部费用占其审计收费总额的比重很大	
		事务所从某一审计客户收取的全部费用占某一合伙人从所有客户收取的费用……	
		事务所连续两年从属于公众利益实体的审计客户及其关联实体收取全部费用……	
		审计客户长期未支付应付的审计费用,尤其是大部分费用在下一年度……	
		事务所采取直接或间接或有收费	
6	礼品和款待	事务所接受审计客户的礼品或款待	
7	诉讼或诉讼威胁	事务所与审计客户发生诉讼或很可能发生诉讼	

索引号：A1-8

管理层就审计工作前提的确认书

信达会计师事务所(特殊普通合伙)：

本公司已委托贵所对2019年度的财务报表进行审计,并出具审计报告。

为配合贵所的审计工作,本公司就审计工作前提事项确认如下：

一、本公司管理层在编制财务报表时采用的财务报告编制基础为企业会计准则。

二、在该项审计中,本公司管理层的责任包括：

1. 按照企业会计准则编制财务报表,并使其实现公允反映；

2. 设计、执行和维护必要的内部控制,以使财务报表不存在由于舞弊或错误导致的重大错报；

3. 向注册会计师提供必要的工作条件,包括允许注册会计师接触与编制财务报表相关的所有信息(如记录、文件和其他事项),向注册会计师提供审计所需要的其他信息,允许注册会计师在获取审计证据时不受限制地接触其认为必要的内部人员和其他相关人员。

北京科云家具制造有限公司

(签章)

2019年10月15日

业务承接评价表

所属会计师事务所：信达会计师事务所　　审核员：　　索引号：A1-9
被审计单位：北京科云家具制造有限公司
审查项目：　　　　　　　　　　　　会计期间：2019年度　　日期：2019.10.15

1	被审计单位法定名称(中/英文)：	
2	被审计单位地址：	
	电话：	
	传真：	
	电子信箱：	
	网址：	
	联系人：	
3	被审计单位性质：	
4	被审计单位所属行业、业务性质与主要业务	

续表

		所属行业：	
		业务性质与主要业务：	
	5	被审计单位要求我们提供审计服务的目的以及出具审计报告的日期	
		审计目的：	
		审计报告的预期使用者：	
		提交审计报告的日期：	
	6	治理层及管理层关键人员	

序号	姓名	职位	联系方式	备注
1				
2				

| | 7 | 实际控制人基本情况 | |

序号	名称	地址	主营业务	持股比例
1				

| | 8 | 子公司基本情况 | |

序号	名称	地址	主营业务	持股比例
1				

| | 9 | 合营企业基本情况 | |

序号	名称	地址	主营业务	持股比例
1				

续表

10	联营企业基本情况				
		序号	名称	地址	主营业务	持股比例
		1				
11	分公司基本情况				
		序号	名称	地址	主营业务	持股比例
		1				
12	被审计单位诚信调查情况				
	调查结论：				风险评估结果：
13	预计收取费用				
	预计审计收费：		大写：		小写：	
	预计成本：		大写：		小写：	
14	首次承接评价结论：				
	结论：				
			项目经理签名：		
15	审批流程记录：				
	基于上述方面，我认为				
			分管部门副主任会计师签字：		

信达会计师事务所(特殊普通合伙)
审计业务约定书

甲方:北京科云家具制造有限公司　　　　乙方:信达会计师事务所(特殊普通合伙)

兹由甲方委托乙方对2019年度会计报表进行审计,经双方协商,达成以下约定:

一、审计的目标和范围

1.乙方接受甲方委托,对甲方按照企业会计准则编制的2019年12月31日的资产负债表,2019年度的利润表、股东权益变动表和现金流量表以及财务报表附注(以下统称"财务报表")进行审计。

2.乙方通过执行审计工作,对财务报表的下列方面发表审计意见:(1)财务报表是否在所有重大方面按照企业会计准则的规定编制;(2)财务报表是否在所有重大方面公允反映了甲方2019年12月31日的财务状况以及2019年度的经营成果和现金流量。

二、甲方的责任

1.根据《中华人民共和国会计法》及《企业财务会计报告条例》,甲方及甲方负责人有责任保证会计资料的真实性和完整性。因此,甲方管理层有责任妥善保存和提供会计记录(包括但不限于会计凭证、会计账簿及其他会计资料),这些记录必须真实、完整地反映甲方的财务状况、经营成果和现金流量。

2.按照企业会计准则的规定编制和公允列报财务报表是甲方管理层的责任,这种责任包括:(1)按照企业会计准则的规定编制财务报表,并使其实现公允反映;(2)设计、执行和维护必要的内部控制,以使财务报表不存在由于舞弊或错误导致的重大错报。

3.及时为乙方的审计工作提供与审计有关的所有记录、文件和所需的其他信息(在____年____月____日之前提供审计所需的全部资料。如果在审计过程中需要补充资料,亦应及时提供),并保证所提供资料的真实性和完整性。

4.确保乙方不受限制地接触其认为必要的甲方内部人员和其他相关人员。

5.甲方管理层对其做出的与审计有关的声明予以书面确认。

6.为乙方派出的有关工作人员提供必要的工作条件和协助,乙方将于外勤工作开始前提供主要事项清单。

7.按照本约定书的约定及时足额支付审计费用以及乙方人员在审计期间的交通、食宿和其他相关费用。

8.乙方的审计不能减轻甲方及甲方管理层的责任。

三、乙方的责任

1.乙方的责任是在执行审计工作的基础上对甲方财务报表发表审计意见。乙方按照中国注册会计师审计准则(以下简称审计准则)的规定执行审计工作。审计准则要求注册会计师遵守中国注册会计师职业道德守则,计划和执行审计工作以对财务报表是否不存在重大错报获取合理保证。

2.审计工作涉及实施审计程序,以获取有关财务报表金额和披露的审计证据。选择的审计程序取决于乙方的判断,包括对由于舞弊或错误导致的财务报表重大错报风险的评估。在进行风险评估时,乙方考虑与财务报表编制和公允列报相关的内部控制,以设计恰当的审计程序,但目的并非对内部控制的有效性发表意见。审计工作还包括评价管理层选用会计政策的恰当性和做出会计估计的合理性,以及评价财务报表的总体列报。

3.由于审计和内部控制的固有限制,即使按照审计准则的规定适当地计划和执行审计工作,仍不可避免地存在财务报表的某些重大错报可能未被乙方发现的风险。

4.在审计过程中,乙方若发现甲方存在乙方认为值得关注的内部控制缺陷,应以书面形式向甲方治理层或管理层通报。但乙方通报的各种事项,并不代表已全面说明所有可能存在的缺陷或已提出所有可行的改进建议。甲方在实施乙方提出的改进建议前应全面评估其影响。未经乙方书面许可,甲方不得向任何第三方提供乙方出具的沟通文件。

5.按照约定时间完成审计工作,出具审计报告。乙方应于2020年03月31日前出具审计报告。

6.除下列情况外,乙方应当对执行业务过程中知悉的甲方信息予以保密:(1)法律法规允许披露,并取得甲方的授权;(2)根据法律法规的规定,为法律诉讼、仲裁准备文件或提供证据,以及向监管机构报告发现的违法行为;(3)在法律法规允许的情况下,在法律诉讼、仲裁中维护自己的合法权益;(4)接受注册会计师协会或监管机构的执业质量检查,答复其询问和调查;(5)法律法规、执业准则和职业道德规范规定的其他情形。

四、审计收费

1.本次审计服务的收费是以乙方各级别工作人员在本次工作中所耗费的时间为基础计算的。乙方预计本次审计服务的费用总额为人民币100000.00元。

2.甲方应于本约定书签署之日起5日内支付30%的审计费用,其余款项于审计报告草稿完成日结清。

3.如果由于无法预见的原因,致使乙方从事本约定书所涉及的审计服务实际时间较本约定书签订时预计的时间有明显的增加或减少时,甲乙双方应通过协商,相应调整本部分第1项所述的审计费用。

4.如果由于无法预见的原因,致使乙方人员抵达甲方的工作现场后,本约定书所涉及的审计服务中止,甲方不得要求退还预付的审计费用。

5.与本次审计有关的其他费用(包括交通费、食宿费等)由甲方承担。

五、审计报告和审计报告的使用

1.乙方按照中国注册会计师审计准则规定的格式和类型出具审计报告。

2.乙方向甲方致送审计报告一式5份。

3.甲方在提交或对外公布乙方出具的审计报告及其后附的已审计财务报表时,不得对其进行修改。当甲方认为有必要修改会计数据、报表附注和所做的说明时,应当事先通知乙方,乙方将考虑有关的修改对审计报告的影响,必要时,将重新出具审计报告。

六、本约定书的有效期间

本约定书自签署之日起生效,并在双方履行完毕本约定书约定的所有义务后终止。

七、约定事项的变更

如果出现不可预见的情况,影响审计工作如期完成,或需要提前出具审计报告,甲、乙双方均可要求变更约定事项,但应及时通知对方,并由双方协商解决。

八、终止条款

1. 如果根据乙方的职业道德及其他有关专业职责、适用的法律法规或其他任何法定的要求,乙方认为已不适宜继续为甲方提供本约定书约定的审计服务时,乙方可以采取向甲方提出合理通知的方式终止履行本约定书。

2. 在本约定书终止的情况下,乙方有权就其于终止之日前对约定的审计服务项目所做的工作收取合理的审计费用。

九、违约责任

甲、乙双方按照《中华人民共和国合同法》的规定承担违约责任。

十、适用法律和争议解决

本约定书的所有方面均应适用中华人民共和国法律进行解释并受其约束。本约定书履行地为乙方出具审计报告所在地,因本约定书所引起的或与本约定书有关的任何纠纷或争议(包括关于本约定书条款的存在、效力或终止,或无效之后果),双方协商确定采取以下第__种方式予以解决:

(1)向有管辖权的人民法院提起诉讼;

(2)提交_____仲裁委员会仲裁。

十一、双方对其他有关事项的约定

无

本约定书一式两份,甲、乙方各执一份,具有同等法律效力。

甲方:北京科云家具制造有限公司　　　　乙方:信达会计师事务所(特殊普通合伙)
　　　(盖章)　　　　　　　　　　　　　　　(盖章)
授权代表:许建辉　　　　　　　　　　　　授权代表:王天阳
2019 年 10 月 15 日　　　　　　　　　　　2019 年 10 月 15 日

索引号：A5

信达会计师事务所（特殊普通合伙）
独立性声明

　　根据《中国注册会计师职业道德守则》的相关规定，本所在执行本项目审计业务时，已从实质上和形式上保持独立性。

　　本所在执行本项目审计业务中，在存在直接或间接影响鉴证业务结果的情况下，将恪守独立、客观、公正的原则，保持应有的独立性。因自身利益、自我评价、过度推介、密切关系和外在压力的因素导致影响独立性的不利事项，本所会自觉采取必要的措施或接受为消除该不利影响而采取的防范措施。

　　本所在此声明，已经充分理解《中国注册会计师职业道德守则》中有关独立性条款的规定，并切实在审计和审阅业务以及其他鉴证业务执业过程中遵守独立性的相关规定。

信达会计师事务所（特殊普通合伙）

（签章）

2019 年 10 月 18 日

索引号：A6

信达会计师事务所（特殊普通合伙）
项目组人员关于独立性的声明

　　我们按本所的指派，对北京科云家具制造有限公司实施 2019 年度财务报表的审计。按照《中国注册会计师职业道德守则》与《质量控制准则第 5101 号——会计师事务所对执行财务报表审计和审阅、其他鉴证和相关服务业务实施的质量控制》的规定，项目组人员应当保持独立性。

　　我们在选派成为项目组成员前，已充分进行了关于是否保持独立性的自我评估，并将有关可能损害独立性的事项予以充分考虑。

　　我们在此声明，经自我评估后我们有理由认为，在实施上述审计业务时我们已保持了审计人员应有的独立性，将不会损害我们独立发表审计意见的立场。

　　我们在此声明书上的亲笔签字表明我们充分理解《中国注册会计师职业道德守则》相关规定，并切实遵循独立性原则与遵守监管机构关于注册会计师执行审计业务的独立性要求等相关规定。

签字	日期
副主任会计师：王天阳	2019-10-18
项目经理：张信义	2019-10-18
审计员：王祥	2019-10-18

索引号：A7

信达会计师事务所(特殊普通合伙)
项目组人员保密协议

　　本人作为信达会计师事务所(特殊普通合伙)(以下简称"本所")的项目组成员,在执业过程中能够获知审计客户的保密信息。本人已被本所告知,本人有责任对执业活动中获知的涉密信息保密。

　　保密信息,指项目在执业过程中获取的所有商业信息,主要包括但不限于客户财务、经营等相关记录,公司计划,营销战略和资料,客户清单,以及其他相关资料。它还包括客户与合伙人/项目组人员、合伙人与合伙人、执业人员或合伙人与咨询人员的沟通记录等。

　　本人有责任对本所审计客户的信息保密,本人郑重承诺,除《中国注册会计师职业道德守则》所规定的情形可以披露涉密信息以外,不存在下列行为：

　　(一)未经客户授权或法律法规允许,向本所以外的第三方披露所获知的涉密信息;

　　(二)利用所获知的涉密信息为本人或第三方谋取利益;

　　(三)有意或无意向社会交往的人员泄密,特别是向近亲属或关系密切的人员泄密;

　　(四)在终止本项目客户关系后,对执业活动中获知的涉密信息泄密。

　　本人同意,任何时候无论与公司聘用当期或结束聘用,除非明确授权,否则不得透露给任何人或使用涉密信息(如上文所述)。

　　本人已阅读并充分理解《中国注册会计师职业道德守则》的相关规定。本人将遵守在执业活动中获知的涉密信息的保密条款。本人清楚地知晓,如果违反了这个协议,将承担一切相应责任。

会计师事务所签章：
日期：2019-10-18

项目组人员签字(或盖章)	日期
副主任会计师：王天阳	2019-10-18
项目经理：张信义	2019-10-18
审计员：王祥	2019-10-18

综合实训二

重要性水平

所属会计师事务所：信达会计师事务所　　审核员：　　索引号：B1-1
被审计单位：北京科云家具制造有限公司
审查项目：　　　　　　　　　　　　　　会计期间：2019年度　　日期：2020.01.31

一、初步确定财务报表整体重要性水平

项目名称	基准	基准考虑因素	基准数值	参考比率	本期重要性水平
总资产法				0.50%	
净资产法				0.50%	
营业收入法				0.50%	
经常性业务税前利润				5.00%	
—	—	—	—	—	—
财务报表整体重要性水平：					

二、初步确定实际执行的重要性水平

风险因素考虑比例1：			实际执行的重要性水平：	

三、确定明显微小错报的临界值

风险因素考虑比例2：	5%		明显微小错报的临界值：	

总体审计策略

被审计单位:北京科云家具制造有限公司	编制人:	索引号:B1
被审会计报表属期:2019年度	复核人:	页次:

一、审计的目标

执行审计工作,对财务报表下列方面发表审计意见:1)财务报表是否在所有重大方面按照《企业会计准则》的规定编制;2)财务报表是否公允反映了被审计单位财务状况、经营成果和现金流量。

二、业务的特征

报告要求	内容
适用的会计准则和相关会计制度	
特定行业的报告要求	
制订审计策略需要考虑的其他事项	

三、审计范围

(一)可能存在较高重大错报风险的领域

(二)重大交易、重要的账户余额

报表类别	重要项目	未审金额

四、重要性水平

若本所仅对被审计单位进行审计,未承接其母公司(集团公司)的审计业务,则按被审计单位相关基准值的一定比例确定重要性水平:

初步确定的财务报表整体重要性水平:	
初步确定的实际执行的重要性水平:	

续表

五、审计业务时间安排			
（一）出具审计报告时间安排：			
（二）执行审计时间安排			
业务阶段		拟执行的时间安排	
一般风险评估阶段			
实质性检查阶段			
业务完成阶段			
六、沟通的性质及时间安排			
（一）内部沟通			
工作阶段	沟通负责人	沟通内容	沟通时间安排
一般风险评估阶段	项目合伙人	错报领域和错报方式，拟实施的进一步审计程序	
特别风险评估阶段	项目合伙人	舞弊事项	
特定项目阶段	项目合伙人	关联方及其交易	
业务完成阶段	项目合伙人	审计结论以及审计意见类型	
（二）与被审计单位沟通			
工作阶段	沟通对象	沟通内容	沟通时间安排
特别风险评估阶段	管理层和治理层	舞弊、法律法规和持续经营能力等特别风险事项	
特定项目阶段	管理层和治理层	期初余额、期后事项以及关联方等事项	
业务完成阶段	管理层和治理层	内部控制缺陷、未更正错误、前期错报对本期的影响、审计意见……	
七、人员安排			
（一）项目组主要成员的责任			
姓名	级别	主要工作	备注

具体审计计划（单体公司）

被审计单位名称：北京科云家具制造有限公司　　编制人：　　索引号：B3
被审会计报表属期：2019 年度　　复核人：　　页次：

序号	审计程序及内容	是否执行	不执行理由说明	岗位级别	执行日期
一、风险评估程序					
1.了解被审计单位及其环境(不包含内部控制)					
1-1	了解行业状况、法律环境与监管环境以及……				
1-2	了解被审计单位的性质				
1-3	了解被审计单位对会计政策的选择和运用				
1-4	了解被审计单位税收政策				
1-5	了解被审计单位的目标、战略以及相关……				
1-6	了解被审计单位财务业绩的衡量和评价				
2.了解被审计单位及其环境(整体层面内部控制)					
2-1	内部环境了解评价表				
2-2	风险评估了解评价表				
2-3	信息与沟通了解评价表				
2-4	内部监督了解评价表				
二、在被审计单位业务流程层面了解内部控制及控制测试					
1	销售业务				
2	采购业务				
3	资金运营				
4	存货管理				
5	固定资产管理				

续表

序号	审计程序及内容	是否执行	不执行理由说明	岗位级别	执行日期
6	工程项目				
7	研究开发				
8	筹资				
9	投资				

三、实质性测试

1. 资产类

1-1	货币资金				
1-2	交易性金融资产				
1-3	应收票据				
1-4	应收账款				
1-5	预付款项				
1-6	应收利息				
1-7	应收股利				
1-8	其他应收款				
1-9	存货				
1-10	一年内到期的非流动资产				
1-11	其他流动资产				
1-12	债权投资				
1-13	其他债权投资				
1-14	长期应收款				
1-15	长期股权投资				
1-16	投资性房地产				
1-17	固定资产				
1-18	在建工程				
1-19	工程物资				
1-20	固定资产清理				
1-21	生产性生物资产				
1-22	油气资产				

续表

序号	审计程序及内容	是否执行	不执行理由说明	岗位级别	执行日期
1-23	无形资产				
1-24	开发支出				
1-25	商誉				
1-26	长期待摊费用				
1-27	递延所得税资产				
1-28	其他非流动资产				
2.负债类					
2-1	短期借款				
2-2	交易性金融负债				
2-3	应付票据				
2-4	应付账款				
2-5	预收款项				
2-6	应付职工薪酬				
2-7	应交税费				
2-8	应交利息				
2-9	应交股利				
2-10	其他应付款				
2-11	一年内到期的非流动负债				
2-12	其他流动负债				
2-13	长期借款				
2-14	应付债券				
2-15	长期应付款				
2-16	专项应付款				
2-17	预计负债				
2-18	递延所得税负债				
2-19	其他非流动负债				
3.权益类					
3-1	实收资本（股本）				

续表

序号	审计程序及内容	是否执行	不执行理由说明	岗位级别	执行日期
3-2	资本公积				
3-3	库存股				
3-4	专项储备				
3-5	盈余公积				
3-6	未分配利润				
4.损益类					
4-1	营业收入				
4-2	营业成本				
4-3	税金及附加				
4-4	销售费用				
4-5	管理费用				
4-6	财务费用				
4-7	信用减值损失				
4-8	公允价值变动收益				
4-9	投资收益				
4-10	营业外收入				
4-11	营业外支出				
4-12	所得税费用				
五、业务完成工作底稿					
1	累积错报汇总表				
2	会计报表审计调整及审计报告反馈意见表				
3	书面声明书				
4	审计总结				
5	项目经理复核意见				
6	项目合伙人复核意见				
7	重要审计工作完成情况核对表				

综合实训三

了解行业状况、法律环境与监管环境以及其他外部因素

被审计单位名称:北京科云家具制造有限公司	编制人:	索引号:C1-3
被审会计报表属期:2019年度	复核人:	页次:

一、行业状况

(一)所在行业的市场供求与竞争

了解内容	记录
主要产品	
所处行业	
行业总体发展趋势	
被审计单位所处发展阶段,如起步、快速成长、成熟或衰退阶段	
行业地位以及所占市场份额、主要竞争对手情况等	
公司竞争优势	

(二)生产经营的季节性和周期性

了解内容	记录
行业受经济周期波动的影响情况	
行业生产经营是否受季节影响	

(三)产品生产技术的变化

了解内容	记录
行业受技术发展影响的程度	
公司在技术方面是否具有领先地位	
公司在技术方面是否开发了新技术和新产品	

(四)能源供应与成本

了解内容	记录
能源消耗在成本中所占比重,是否对能源有较高的依赖程度	
能源价格的变化对成本的影响	

续表

二、法律环境及监管环境	
(一)适用的会计准则、会计制度和行业特定惯例	
了解内容	记录
公司属于何种性质的企业	
适用的会计报告编制基础	
(二)对经营活动产生重大影响的法律法规及监管活动	
了解内容	记录
国家对行业是否有特殊监管要求	
(三)对开展业务产生重大影响的政府政策,包括货币、财政、税收和贸易政策	
了解内容	记录
货币政策	
财政政策	
税收政策	
其他政策	
(四)与公司所处行业和所从事经营活动相关的法律法规要求	
相关法律法规	记录
产品责任方面	
劳动安全方面	
环境保护方面	
其他方面	
三、其他外部因素	
(一)宏观经济的景气度	
了解内容	记录
当前的宏观经济状况以及未来的发展趋势	
(二)利率和资金供求状况	
了解内容	记录
利率和资金供求状况对公司经营活动的影响	
(三)通货膨胀水平及货值变动	
了解内容	记录
国内的通胀水平对公司的影响	
(四)国际经济环境和汇率变动	
了解内容	记录
国际经济环境对公司的影响	
汇率变动对公司的影响	

了解被审计单位的性质

被审计单位名称：北京科云家具制造有限公司	编制人：	索引号：BA-2
被审会计报表属期：2019 年度	复核人：	页次：

1. 所有权结构

(1)所有权性质(属于国有企业、外商投资企业、民营企业还是其他类型)

(2)所有者和其他人员或单位的名称，以及与被审计单位之间的关系

所有者	主要描述(法人/自然人，企业类型，自然人的主要社会职务，企业所属地区、规模等)	与被审计单位之间的关系

(3)控股母公司

控股母公司与被审计单位在资产、业务、人员、机构、财务等方面是否分开，是否存在占用资金等情况	

2. 治理结构

(1)对图示内容做出详细解释说明

董事会的构成和运作情况	

3. 组织结构

(1)对图示内容做出详细解释说明

组织结构是否复杂，是否可能导致重大错误风险，包括财务报表合并、商誉减值、长期股权投资核算及特殊目的实体核算等问题	

4. 经营活动

(1)主营业务的性质

(2)主要产品及描述

(3)与生产产品或提供劳务相关的市场信息

(4)业务的开展情况

业务分布的设立情况	
产品和服务的交付情况	

续表

衰退或扩展的经营活动情况	
(5)联盟、合营与外包情况	
(6)地区与行业分布	
(7)关键客户	
销售对象是少量的大客户还是众多的小客户	
5.投资活动	
(1)近期拟实施或已实施的并购活动与资产处置情况	
被审计单位的并购活动或某些业务的终止,如何与目前的经营业务相协调,并考虑是否会引发进一步的经营风险	
6.筹资活动	
债务结构和相关条款,包括担保情况及表外融资	
获得的信贷额度是否可以满足运营需要	
是否存在违反借款合同中限制性条款的情况	
是否承受重大的汇率与利率风险	

了解被审计单位对会计政策的选择与运用

被审计单位名称:北京科云家具制造有限公司 　　编制人:　　　索引号:BA-3
被审会计报表属期:2019年度 　　复核人:　　　页次:

1.被审计单位选择和运用的会计政策

重要的会计政策	被审计单位选择和运用的会计政策
执行何种会计制度?	
会计年度?	
记账本位币?	
核算是否实行权责发生制?	
a.月末按照结账日汇率进行调整?	
b.坏帐处理采用哪些方法?	
c.领用与发出?	
d.折旧计算方法?	
e.增值税税率?	

续表

f.城建税税率？	
g.所得税税率？	
h.教育费附加比例？	
i.地方教育附加比例？	
j.法定公积金按税后利润提取比例？	

2.披露

了解被审计单位税收政策

被审计单位名称：北京科云家具制造有限公司　　编制人：　　索引号：C1-6
被审会计报表属期：2019年度　　复核人：　　页次：

主要税种和税率				
序号	税种	税率	是否有优惠政策	是否与上期发生变化
1	增值税			
2	城市维护建设税			
3	企业所得税			
4	教育费附加			
5	地方教育附加			

了解被审计单位的目标、战略以及相关经营风险

被审计单位名称：北京科云家具制造有限公司　　编制人：　　索引号：C1-7
被审会计报表属期：2019年度　　复核人：　　页次：

一、目标和战略

序号	调查内容	调查记录
1	目标	
2	战略	

二、相关经营风险

序号	调查内容	调查记录
1	行业发展，以及可能导致的被审计单位不具备足以应对行业变化的人力资源和业务专长等风险	

续表

2	开发新产品或提供新服务,以及其可能导致的被审计单位产品责任增加等风险	
3	业务扩张,以及其可能导致的被审计单位对市场需求的估计不准确等风险	
4	监管要求,以及其可能导致的被审计单位法律责任增加等风险	
5	本期及未来的融资条件,以及其可能导致的被审计单位由于无法满足融资条件而失去融资机会等风险	
6	信息技术的运用,以及其可能导致的被审计单位信息系统与业务流程难以融合等风险	
7	持续经营和资产流动性出现问题,包括重要客户流失	

了解被审计单位财务业绩的衡量和评价

被审计单位名称:北京科云家具制造有限公司　　　　编制人:　　　　索引号:BA-5
被审会计报表属期:2019 年度　　　　　　　　　　　复核人:　　　　页次:

1. 关键业绩指标	调查记录
关于投资规模、注册资本金	
2. 业绩趋势	调查记录
了解被审计单位所在行业的发展趋势	
3. 预测、预算和差异分析	调查记录
了解被审计单位所属主要市场的竞争情况	
4. 管理层和员工业绩考核与激励性报酬政策	调查记录
了解被审计单位管理层业绩考核方式和关键考核指标,以及激励性报酬政策	
了解被审计单位员工业绩考核方式和关键考核指标,以及激励性报酬政策	
5. 与竞争对手的业绩比较	调查记录
了解被审计单位所属主要市场的竞争情况	
了解被审计单位竞争对手的业绩和业绩趋势	

了解和评价被审计单位的控制环境

被审计单位名称:北京科云家具制造有限公司　　　　编制人:　　　　索引号:BB-2
被审会计报表属期:2019年度　　　　　　　　　　　　复核人:　　　　页次:

序号	控制目标	被审计单位的控制	实施的风险评估程序（询问/观察/检查）	结论
一、对诚信和道德价值观念的沟通与落实				
1	使员工行为守则及其他政策得到执行			
2	建立信息传达机制,使员工能够清晰了解管理层的理念			
3	与公司的利益相关者（如投资者、债权人等）保持良好的关系			
4	对背离公司规定的行为及时采取补救措施,并将这些措施……			
5	对背离公司现有控制的行为进行调查和记录			
6	员工和管理层的工作压力恰当			
二、对胜任能力的管理				
7	公司岗位责任明确,任职条件清晰			
8	持续培训员工			
三、治理层的参与程度				
9	在董事会内部建立监督机制			
10	保证董事会成员具备适当的经验和资历,并保持成员的相对稳定性			
11	董事会、审计委员会或类似机构独立于管理层			
12	审计委员会正常运作			

续表

序号	控制目标	被审计单位的控制	实施的风险评估程序 （询问/观察/检查）	结论
四、管理层的理念和经营风格				
13	对非经常的经营风险，管理层采取稳妥措施			
14	管理层对信息技术的控制给予适当关注			
15	高级管理层对业务分支机构保持有效控制			
16	管理层对财务报告的态度合理			
17	管理层对于重大的内部控制和会计事项，征询注册会计师的意见			
五、组织结构				
18	组织结构合理，具备提供管理各类活动所需信息的能力			
19	交易授权控制层次适当			
20	对于分散（分权）处理的交易存在适当的监控			
21	管理层制定和修订会计系统和控制活动的政策			
22	保持足够的人力资源，特别是负有监督和管理责任的员工数量充足			
23	管理层定期评估组织结构的恰当性			
六、职权与责任分配				
24	明确员工的岗位职责，包括具体任务、报告关系及所受限制等并传达到本人			
25	在被审计单位内部有明确的职责划分和岗位分离			

续表

序号	控制目标	被审计单位的控制	实施的风险评估程序（询问/观察/检查）	结论
26	保持权利和责任的对等			
27	对授权交易及系统改善的控制有适当的记录,对数据处理的控制有适当的记录			
七、人力资源的政策与实务				
28	关键管理人员具备岗位所需的丰富知识和经验			
29	人事政策中强调员工需保持适当的伦理和道德标准			
30	人力资源政策与程序清晰,定期发布和更新			

了解和评价被审计单位的风险评估过程

被审计单位名称:北京科云家具制造有限公司　　编制人:　　索引号:BB-3
被审会计报表属期:2019年度　　　　　　　　　　复核人:　　页次:

序号	控制目标	被审计单位的控制	实施的风险评估程序	结论
1	建立公司整体目标并传达到相关层次			
2	具体策略和业务流程层面的目标与整体目标协调			
3	明确影响整体目标实施的关键因素			
4	各级管理人员参与制订目标			
5	建立风险评估方法			
6	建立风险识别、应对机制,处理具有普遍影响……			
7	对于可能对被审计单位产生迅速、巨大并持久……			
8	会计部门建立流程适应会计准则的重大变化			
9	当被审计单位业务操作发生变化并影响交易……			
10	风险管理部门建立流程以识别经营环境的……			
11	政策和程序得到有效执行			

了解和评价被审计单位与财务报告相关的信息系统与沟通

被审计单位名称:北京科云家具制造有限公司　　　　编制人:　　　　索引号:BB-4
被审会计报表属期:2019年度　　　　　　　　　　　复核人:　　　　页次:

序号	控制目标	被审计单位的控制	实施的风险评估程序	结论
1	信息系统向管理层提供有关被审计单位经营的相关信息			
2	向适当人员提供的信息充分、具体且及时,保证其能够有效地履行职责			
3	与财务报告相关的信息系统的开发及改善基于战略考虑,与被审计单位整体层面的信息系统紧密相关……			
4	提供适当的人力和财力开发必需的信息系统			
5	就岗位职责与员工进行有效沟通			
6	针对不恰当事项和行为建立沟通渠道			
7	组织内部有充分畅通的横向沟通渠道,横向信息传递完整、及时,并能提供有关人员履行其职责所需的充分信息			
8	管理层认真听取和采纳员工提出的改进意见			
9	管理层与客户、供应商、监管者和其他外部人士有效地沟通			
10	外部人士了解被审计单位的行为守则			
11	员工职责适当分离,以降低舞弊和不当行为发生的风险			
12	会计系统中的数据与实物资产定期核对			

了解和评价被审计单位对控制的监督

被审计单位名称:北京科云家具制造有限公司　　编制人:　　索引号:BB-5
被审会计报表属期:2019年度　　复核人:　　页次:

序号	控制目标	被审计单位的控制	实施的风险评估程序	结论
一、持续监督				
1	内部控制定期评价			
2	评价内部控制制度对常规工作活动有效运行的保障程度			
3	外界沟通所获取的信息能够反映内部控制运行的有效性			
4	管理层对注册会计师提出的内部控制方面的意见和建议进行适当的处理			
5	管理层能够获得关于控制有效的反馈信息			
6	定期询问员工遵循公司行为守则的情况及重要控制活动执行的有效性			
7	内部审计工作有效			
8	政策和程序得到有效执行			
二、专门评价				
9	对内部控制进行专门评价,专门评价的范围和频率适当			
10	评价过程是适当的			
11	用以评价内部控制系统的方法适当,并合乎逻辑			
12	书面记录适当			
13	内部审计主要集中于经营责任审计,工作能够降低财务报表重大错报风险			
14	内部审计的独立性适当			
15	信息系统审计人员能够胜任职责			
16	内部审计人员坚持适用的专业准则			
17	内部审计人员记录了计划、风险评估和执行的过程,形成的结论适当			
18	内部审计部门活动的范围适当			

综合实训四

了解内部控制实际情况—销售业务

所属会计师事务所:信达会计师事务所	审核员:	索引号:D1-1-1
被审计单位:北京科云家具制造有限公司		
审查项目:	会计期间:2019年度	日期:2019.11.15

一、控制目标

健全相关销售与收款管理制度,明确以风险为导向的、符合成本效益原则的销售管控措施,实现与生产、资产、资金等方面管理的衔接,落实责任制,有效防范和化解经营风险。

二、关注的主要风险

销售政策和策略不当、市场预测不准确、销售渠道管理不当等,可能导致销售不畅、库存积压、经营难以为继;客户信用管理不到位、结算方式选择不当、账款回收不力等,可能导致销售款项不能收回或遭受欺诈;销售过程存在舞弊行为,可能导致企业利益受损。

三、主要控制流程

我们采用询问、观察和检查等程序,了解销售与收款主要控制流程,记录流程如下:

销售计划管理—客户开发与信用管理—销售定价—销售谈判—销售审批与合同订立—提供货物—收款—会计系统控制

四、主要控制

1.岗位职责

涉及的部门或关键管理人员	主要职责
销售部门	处理订单、签订合同、执行销售政策和信用政策、催收货款
财务部门	销售款项的结算和记录、监督管理货款回收

公司不相容岗位设置情况为:客户信用调查评估与销售合同的审批签订;销售谈判与合同订立;合同订立与合同审批;销售与发货;发货与装运;销售货款的确认、回收与相关会计记录;销售退回货品的验收、处置和相关会计记录;销售业务经办与发票开具、管理;坏账准备的计提与审批、坏账准备的核销与审批。

续表

2. 授权批准制度

①订单的审批；
②赊销的审批；
③销售合同的审批；
④销货折扣、折让及销货退回的审批；
⑤发货的审批；
⑥付款的审批。

3. 信息系统管理

①定期更新和维护会计信息系统，确保数据准确；
②访问安全制度、规定操作权限及信息使用等确保数据安全保密、防止对数据非法修改删除；
③软件修改、升级和硬件更换等需要规定审批流程；
④数据源的管理制度，确保原始数据从录入到生成数据正确；
⑤指定专人负责信息化会计档案管理，定期检查，防止由于介质破坏而丢失会计档案。

五、了解结论

内部控制设计及执行情况的评价结果—销售业务

所属会计师事务所：信达会计师事务所　　**审核员**：　　　　**索引号**：D1-1-2
被审计单位：北京科云家具制造有限公司
审查项目：　　　　　　　　　　　**会计期间**：2019年度　　**日期**：2019.11.15

了解内部控制的过程及程序									
序号	主要业务活动	控制目标	受影响的报表项目及其认定	关键控制活动	被审计单位的控制活动	是否有相关内部控制制度（是/否）	内部控制设计是否合理（是/否）	上年已测试且本年没变化（是/否）	是否最终测试该控制活动运行的有效性（是/否）
1	销售	登记入账的销售交易已经发货给真实的客户	应收账款、应收票据、预收款项：存在。营业收入：发生	在发货前，顾客的赊购已经被授权批准					

续表

序号	主要业务活动	控制目标	受影响的报表项目及其认定	关键控制活动	被审计单位的控制活动	是否有相关内部控制制度（是/否）	内部控制设计是否合理（是/否）	上年已测试且本年没变化（是/否）	是否最终测试该控制活动运行的有效性(是/否)
2	销售	所有销售交易均已登记入账	应收账款、应收票据、预收款项、营业收入：完整性	销售发票均与发运凭证（或提货单）核对，并经事先编号且登记入账					
3	销售	登记入账的销售数量与已发货的数量相符，已正确开具账单并登记入账	应收账款、应收票据、预收款项：计价与分摊。营业收入：准确性	销售价格、付款条件、运费和销售折扣的确定已经适当的授权批准					
4	销售	销售交易的分类恰当	应收账款、应收票据、预收款项、营业收入：分类	内部复核和核查销售交易是否采用适当的会计科目表					
5	销售	销售交易已记录于适当的会计期间（截止）	营业收入：截止	销售发生时，及时开具收款账单并登记入账					
6	销售	销售交易已经正确地记入明细账并经正确汇总	应收账款、应收票据、预收款项：计价与分摊。营业收入：准确性	由独立人员对销售收入、应收账款等明细账做内部核查					

续表

序号	主要业务活动	控制目标	受影响的报表项目及其认定	关键控制活动	被审计单位的控制活动	是否有相关内部控制制度（是/否）	内部控制设计是否合理（是/否）	上年已测试且本年没变化（是/否）	是否最终测试该控制活动运行的有效性（是/否）
7	销售	准确计提坏账准备，并记录于恰当的期间	资产减值损失：准确性。应收账款：计价与分摊	每年末，财务部分析应收账款账龄，按照相应比例计提坏账准备，并定期进行复核					
8	收款	收到的收入款项已全部登记入账	货币资金、应收账款、应收票据、预收款项：完整性	每日及时记录收入款项					
9	收款	已经收到的收入款项确实为企业所有	货币资金：权利和义务	定期盘点现金，并与账面余额相核对；定期取得银行对账单，并编制银行存款余额调节表					
10	收款	收入款项在资产负债表中的披露正确	货币资金：列报	现金日记账、银行存款日记账与总账的登记职责分离					

销售业务控制测试结论说明

说明：项目经理根据审计员了解的被审计单位销售业务相关的内部控制实际情况和评价被审计单位销售业务的内部控制设计是否合理并记录结果，执行了穿行测试并且选取了样本进行测试，形成销售业务内部控制缺陷汇总表……

结论：

审计导引表

被审计单位:北京科云家具制造有限公司　　审核员:　　　　日期:2020.01.31
会计期间:2019 年度　　　　　　　　　　　复核员:　　　　日期:2020.01.31

项目	本期未审数	账项调整		本期审定数	上期末审定数	索引号
		借方	贷方			
报表数:						
主营业务收入						
明细数:						
其中:						
主营业务收入						
审计说明:	该企业主要销售 2 种产品,即家用餐桌、办公桌。 主营业务收入的调整分录见 SA1-0"主营业务收入"调整分录汇总。					
审计结论:						

"主营业务收入"调整分录汇总

所属会计师事务所:信达会计师事务所　　审核员:　　　　索引号:SA1-0
被审计单位:北京科云家具制造有限公司
审查项目:主营业务收入　　　　　　　　会计期间:2019 年度　　日期:2020.01.31

上年发生额		
上年未审数	审计调整数	上年审定数

—

续表

期初数—调整事项

调整事项说明	会计分录		调整金额		底稿索引
	一级科目	二级科目	借方	贷方	

本年发生额

本期未审数	审计调整数	本期审定数

期末数—调整事项：

调整事项说明	会计分录		调整金额		底稿索引
	一级科目	二级科目	借方	贷方	

主营业务收入发生额明细表

所属会计师事务所:信达会计师事务所　　　审核员:　　　　　索引号:SA1-1
被审计单位:北京科云家具制造有限公司
审查项目:主营业务收入　　　　　　　　　会计期间:2019年度　　日期:2020.01.31

被审计单位提供				审计人员填写				
				T/F	查验	收入调整数		审定金额
主营项目	收入	成本	毛利率		索引	借	贷	收入
1. 工业								
其中:办公桌								
家用餐桌								
包装物								
2. 商业								
其中:								
3. 房地产业								
其中:								
4. 旅游饮食服务业								
其中:								
5. 其他								
其中:								
主营业务小计:								

审计说明:

主营业务收入、成本分月明细表

所属会计师事务所：信达会计师事务所　　审核员：　　索引号：SA1-3

被审计单位：北京科云家具制造有限公司

审查项目：主营业务收入　　会计期间：2019 年度　　日期：2020.01.31

月份	本期数					上年同期数				
1	主营业务收入	占全年比例	主营业务成本	占全年比例	毛利率	主营业务收入	占全年比例	主营业务成本	占全年比例	毛利率
2										
3										
4										
5										
6										
7										
8										
9										
10										
11										
12										
合计		100.00%		100.00%						
审计结论										

销售收入细节测试记录表

所属会计师事务所：信达会计师事务所　　审核员：　　索引号：SA1-7

被审计单位：北京科云家具制造有限公司

审查项目：主营业务收入　　会计期间：2019 年度　　日期：2020.01.31

序号	销售合同或销售订单编号	订购单位名称	销售合同、请购单内容						核对		销售发票		核对			出库单		核对		会计凭证		核对			
			日期	货物名称	规格	数量	单价	金额	(1)	(2)	日期	编号	(3)	(4)	(5)	日期	编号	(6)	(7)	日期	编号	(8)	(9)	(10)	(11)
1																									
2																									
3																									
…																									
测试有关说明及结论																									

核对说明：

1. 销售合同经过授权批准。
2. 销售金额未低于销售底量、底价。
3. 销售发票的单价与销售合同一致。
4. 销售发票的品名、数量与销售合同一致。
5. 销售发票的金额与销售合同一致。
6. 出库单的品名与发票内容一致。
7. 出库单有保管员和经手人签名。
8. 发票销售额与收款结算凭证一致。
9. 收款凭证有经手人和主管签名。
10. 发票销售额已正确记入主营业务收入账和应收账款(银行、现金)账。
11. 销项税金账务处理正确。

营业收入与已开具发票核对

所属会计师事务所：信达会计师事务所　　审核员：　　　　　索引号：SA1-8
被审计单位：北京科云家具制造有限公司
审查项目：营业收入　　　　　　　会计期间：2019年度　　　日期：2020.01.31

月份	本期账面已计收入			本期开具的发票					差异	差异原因
	主营业务收入	其他业务收入	营业收入合计	开具的增值税专用发票份数	开具的增值税专用发票金额	开具的增值税普通发票份数	开具的增值税普通发票金额	本期申报的开票金额合计		
1										
2										
3										
4										
5										
6										
7										
8										
9										
10										
11										
12										
合计										
审计结论										

主营业务收入截止测试

所属会计师事务所:信达会计师事务所　　　　审核员:　　　　　　　　索引号:SA1-20
被审计单位:北京科云家具制造有限公司
审查项目:主营业务收入　　　　　　　　　　会计期间:2019年度　　　日期:2020.01.31

存货项目	销售发票					出/入库单					记账凭证						截止工作执行情况正常√;需调整用(1)(2)…表示
	发票号	发票日期	客户名称	数量	不含税金额	出/入库单	出/入库日期	数量	本期(√)	下期(√)	本期(√)		下期(√)		入账日期	凭证号	金额
											借:	贷:	借:	贷:			
家用餐桌																	
家用餐桌																	
办公桌																	
家用餐桌																	
办公桌																	
…																	
审计结论																	

审计导引表

被审计单位:北京科云家具制造有限公司　　　审核员:　　　　　　　　日期:2020.01.31
会计期间:2019年度　　　　　　　　　　　　复核员:　　　　　　　　日期:2020.01.31

项目	本期未审数	账项调整		本期审定数	上期末审定数	索引号
		借方	贷方			
报表数:						
其他业务收入						
明细数:						
其中:						
其他业务收入						
审计说明:	其他业务收入的调整分录见SA2-0"其他业务收入"调整分录汇总。					
审计结论:						

审计导引表

被审计单位:北京科云家具制造有限公司　　审核员:　　　　　日期:2020.01.31
会计期间:2019年度　　　　　　　　　　　复核员:　　　　　日期:2020.01.31

项目	本期未审数	账项调整		本期审定数	上期末审定数	索引号
		借方	贷方			
报表数:						
应收账款						
明细数:						
其中:						
应收账款坏账准备						
审计说明:	1.应收账款的调整分录见 ZD-0"应收账款"调整分录汇总。 2.应收账款坏账准备的调整分录见"坏账准备"调整分录汇总。					
审计结论:						

"应收账款"调整分录汇总

所属会计师事务所:信达会计师事务所　　审核员:　　　　　索引号:ZD-0
被审计单位:北京科云家具制造有限公司
审查项目:应收账款　　　　　　　　　　会计期间:2019年度　　　日期:2020.01.31

项目	期初余额		
	上年未审数	审计调整数	上年审定数
应收账款		0.00	
—	—	—	—

续表

| — | — | — | — | — |
| — | | | | |

期初数—调整事项：

调整事项说明	会计分录		调整金额		底稿索引
	一级科目	二级科目	借方	贷方	

期末余额

项目	本期未审数	审计调整数	本期审定数
应收账款			
—	—	—	—
—	—	—	—

期末数—调整事项：

调整事项说明	会计分录		调整金额		底稿索引
	一级科目	二级科目	借方	贷方	

"应收账款"明细余额表(未审数)

所属会计师事务所:信达会计师事务所　　审核员:　　　　　索引号:ZD-3-10
被审计单位:北京科云家具制造有限公司
审查项目:应收账款　　　　　　　　　　会计期间:2019年度　　日期:2020.01.31

被审计单位提供

序号	客户名称	期初数	借方发生额	贷方发生额	期末数	币种	汇率	期末未审原币金额	本位币金额						
									借方					贷方
									1年以内	1~2年	2~3年	3~4年	4~5年	5年以上	
1	石家庄亿达股份有限公司														
2	广州万利实业有限公司														
3	北京蓝天实业有限公司														
4	北京新源实业有限公司														
5	北京宏达股份有限公司														
6	广州凯特股份有限公司														
7	楚天科技有限公司														
8	风信有限公司														
9	北京华联贸易有限公司														
10															
11															
合计															

审计说明

"应收账款"余额及发生额分析

所属会计师事务所：信达会计师事务所　　审核员：　　索引号：ZD-2
被审计单位：北京科云家具制造有限公司
审查项目：应收账款　　会计期间：2019年度　　日期：2020.01.31

一、公司赊销政策：

二、应收账款周转率分析：

项目	2019年度未审数	2018年度未审数
期初应收账款		
期末应收账款		
主营业务收入		
期末应收账款余额占收入比重		
应收账款周转率		
平均周转天数（天）		
分析：		

三、应收账款借方发生额与收入核对：

项目	金额	数据来源（索引号）
本期主营业务收入		
增值税率		
收入价税合计		
本期应收账款借方发生额合计		
收入价税合计与应收账款借方发生额差异		
审计结论：		

四、应收账款贷方发生额分析：

项目	金额	数据来源	与对应科目核对
本期应收账款贷方发生额合计		—	—
其中：1. 应收账款转入应收票据金额		—	

续表

项目	金额	数据来源	与对应科目核对
2.收到现金		—	
3.收到银行存款		—	
4.其他(请分类列示)		—	
小计		—	—

审计结论：

"应收账款"1年以上余额账龄分析表

所属会计师事务所：信达会计师事务所　　审核员：　　索引号：ZD-3-10
被审计单位：北京科云家具制造有限公司
审查项目：应收账款　　会计期间：2019年度　　日期：2020.01.31

序号	客户名称	客户提供				审计复核			
		期初数 A	借方发生额 B	贷方发生额 C	期末数 D=A+B−C	期末重分类调整—预收账款	本期收回期初（按先进先出）	确定一年以上应收账款	收回本期应收账款
1	石家庄亿达股份有限公司								
2	广州万利实业有限公司								
3	北京蓝天实业有限公司								
4	北京新源实业有限公司								
5	北京宏达股份有限公司								
6	广州凯特股份有限公司								
7	楚天科技有限公司								
8	凤信有限公司								

续表

序号	客户提供					审计复核			
	客户名称	期初数 A	借方发生额 B	贷方发生额 C	期末数 D=A+B−C	期末重分类调整－预收账款	本期收回期初（按先进先出）	确定一年以上应收账款	收回本期应收账款
9	北京华联贸易有限公司								
10									
	合计								

审计结论：

发函清单

所属会计师事务所：信达会计师事务所　　审核员：　　索引号：ZD-20-100
被审计单位：北京科云家具制造有限公司
审查项目：应收账款　　会计期间：2019年度　　日期：2020.01.31

序号	查验科目	询证金额	收信单位（被函证方）名称	收信单位（被函证方）地址	收信单位（被函证方）联系部门（人）	邮政编码	联系人	联系电话
1	应收账款		广州万利实业有限公司					
2	应收账款		石家庄亿达股份有限公司					
3	应收账款		北京新源实业有限公司					
4	应收账款		北京宏达股份有限公司					
5	应收账款		北京华联贸易有限公司					
6	应收账款		广州凯特股份有限公司					

发函要求：
1. 需填制"发函清单"。
2. 交由事务所前台统一对外发函的，请将"发函清单"填写清楚后，一式两份交给前台人员签收，并由发信（函）人与前台接收人各留一份。其中，发信（函）人应将所发出的函证复印件附在该清单后，一并作为工作底稿归档；前台接收人应将该清单与邮政局的相关交接资料等，一起交事务所统一归档。
3. 由审计人员自行前往邮政局发函的，应将有关挂号信凭证小票及所发出的函证复印件附在所填制的"发函清单"后，一并作为工作底稿归档。
4. 不得交由被审计单位发函。

"应收账款"函证地址核对记录

所属会计师事务所：信达会计师事务所　　　审核员：　　　　索引号：ZD-20-200
被审计单位：北京科云家具制造有限公司
审查项目：应收账款　　　　　　　　　　　会计期间：2019年度　　日期：2020.01.31

序号	被审计单位提供		收到或开具的增值税发票中标明的对方地址	增值税发票索引	地址核对记录		地址不一致原因	其他证明	客户书面说明索引
	收信单位（被函证方）名称	收信单位（被函证方）地址			核对一致(√)	核对不一致(√)			
1	广州万利实业有限公司								
2	石家庄亿达股份有限公司								
3	北京新源实业有限公司								
4	北京宏达股份有限公司								
5	北京华联贸易有限公司								
6	广州凯特股份有限公司								

注：如收信单位地址与增值税发票中表明的地址不一致，建议考虑采用以下方式进行核实。
1.通过工商网站或114电话对被函证方相关信息进行确认。
2.取得被函证方相关联系人员的名片，通过名片信息或者电话联系对方进行确认。
3.由被审计单位提供说明，并随附询证函一并交由被函证方盖章确认。
4.……

索引号:ZD-10-1

往来账项询证函

致:_____　　　　　　　　　　编号:bh004

　　本公司聘请的信达会计师事务所(特殊普通合伙)正在对本公司_____年度财务报表进行审计,按照中国注册会计师审计准则的要求,应当询证本公司与贵公司的往来账项等事项。下列信息出自本公司账簿记录,如与贵公司记录相符,请在本函下端"信息证明无误"处签章证明;如有不符,请在"信息不符"处列明不符项目。如存在与本公司有关的未列入本函的其他项目,请在"信息不符"处列出这些项目的金额及详细资料。回函请寄信达会计师事务所(特殊普通合伙)_____分所业务_____部_____注册会计师。

(如本次询证函为多页次,请加盖骑缝章)

地址:北京市海淀区西四环中路16号
邮政编码:100000　　　　　　电话:(010)63391166　　　　　　传真:(010)63392558

　　1. 销售与未结算
　　(1)销售与应(预)收账款。

截止日期	贵公司欠	销售给贵公司(不含税)	欠贵公司	本公司科目
				应(预)收账款

　　(2)应收贵公司票据。

出票日期	票据编号	金额	出票人	前手

　　2. 采购与未结算
　　(1)采购与预(应)付账款。

截止日期	贵公司欠	向贵公司采购(不含税)	欠贵公司	本公司科目
				预(应)付账款

续表

截止日期	贵公司欠	向贵公司采购(不含税)	欠贵公司	本公司科目

(2)应付贵公司票据。

出票日期	票据编号	金额	受票人	备注

3. 其他往来账项

截止日期	贵公司欠	欠贵公司	备注(内容、性质)	本公司科目
				其他应收(应付)款
				长期应收(应付)款

4. 其他事项

(公司盖章)

2020 年 01 月 06 日

经办人：

(如本次询证函为多页次,请加盖骑缝章)

信息证明无误	信息不符及需加证明事项(详细附后)
(公司盖章) ___年__月__日 经办人：	(公司盖章) ___年__月__日 经办人：

"应收账款"替代审计程序

所属会计师事务所：信达会计师事务所　　审核员：　　索引号：ZD-40
被审计单位：北京科云家具制造有限公司
审查项目：应收账款　　会计期间：2019年度　　日期：2020.01.31

债务人名称	销售合同或销售订单编号	销售合同、请购单内容					核对		销售发票		核对			出库单或送货单		核对			会计凭证		核对	
		发生日期	货物名称	规格	数量	含税单价	含税金额	(1)	(2)	日期	编号	(3)	(4)	(5)	日期	编号	(6)	(7)	(8)	日期	编号	(9)	(10)
北京宏达股份有限公司																							
合计	—		—	—	—		—				—					—					—		

核对说明：
1. 销售合同经过授权批准。　　2. 销售金额未低于销售底价、底价。　　3. 销售发票的单价与销售合同一致。　　4. 销售发票的品名、数量与销售合同一致。
5. 销售发票的金额与销售合同一致。　　6. 出库单的品名与发票内容一致。　　7. 出库单有保管员和经手人签名。　　8. 出库单或送货单有收货人签名。
9. 发票销售额已正确记入主营业务收入账和应收账款账。　　10. 销项税金账务处理正确。　　11. 发票销售额与收款结算凭证一致。
12. 收款凭证有经手人和主管签名。　　13. 回款日期在信用期内。　　14. 付款人与应收账款债务人一致。

"应收账款"函证结果汇总表

所属会计师事务所：信达会计师事务所　　审核员：　　索引号：ZD-20
被审计单位：北京科云家具制造有限公司
审查项目：应收账款　　会计期间：2019年度　　日期：2020.01.31

序号	查验纪要			合并范围内往来是否核对一致(√)，不一致见ZD-50	收到回函查验							未收到回函及未函证查验			可确认金额合计	审计意见
	选取样本依据	单位名称	期末余额		是否函证(√)	是否收到回函(√)	询证函证索引号ZD-30	可以确认金额			难以确认金额		通过替代审计可确认金额ZD-40	未核实金额	查验索引	
								回函直接确认	调节后可确认	调节索引号ZD-35	争议未决金额	其他				
1	余额比较大的	广州万利实业有限公司														
2	余额比较大的	石家庄亿达股份有限公司														
3	余额比较大的	北京新源实业有限公司														
4	余额比较大的	北京宏达股份有限公司														
5	余额比较大的	北京华联贸易有限公司														
6																
合计																

注：1. 选取样本依据：A. 大额；B. 异常；C. 账龄；D. 随机。
　　2. 采用随机抽样的应说明随机抽样的办法。

应收账款发生额测试（余额前n位）

所属会计师事务所：信达会计师事务所　　审核员：　　　　　索引号：ZD-61
被审计单位：北京科云家具制造有限公司
审查项目：应收账款　　　　　　　　　会计期间：2019年度　　日期：2020.01.31

序号	单位名称	余额	占期末未审余额的比例	是否函证（√）	是否回函（√）	合同编号	发票号码	出库单号码	运输单证	备注	索引	审计意见
1	广州万利实业有限公司											
2	石家庄亿达股份有限公司											
3	北京新源实业有限公司											
4	北京华联贸易有限公司											
5	北京宏达股份有限公司											
6												
合计	—		100.00%	—	—	—	—	—	—	—	—	—

注：应收账款余额前n位（视被审计单位情况由计划决定），适用于业务较集中的被审计单位。
审计结论：

应收账款发生额测试（交易前n位）

所属会计师事务所：信达会计师事务所　　审核员：　　　　　索引号：ZD-62
被审计单位：北京科云家具制造有限公司
审查项目：应收账款　　　　　　　　　会计期间：2019年度　　日期：2020.01.31

序号	单位名称	本期累计交易额	期末余额	期末余额占期末未审余额的比例	是否函证（√）	是否回函（√）	合同编号	发票号码	出库单号码	运输单证	备注	索引	审计意见
1	北京新源实业有限公司												
2	北京蓝天实业有限公司												

续表

序号	单位名称	本期累计交易额	期末余额	期末余额占期末未审余额的比例	是否函证(√)	是否回函(√)	合同编号	发票号码	出库单号码	运输单证	备注	索引	审计意见
3	广州万利实业有限公司												
4	广州凯特股份有限公司												
5	石家庄亿达股份有限公司												
6													
7													
合计		—											

审计结论：

"应收账款"凭证查验记录——北京蓝天实业有限公司

所属会计师事务所：信达会计师事务所　　审核员：　　索引号：ZD-70-1
被审计单位：北京科云家具制造有限公司
审查项目：应收账款　　会计期间：2019年度　　日期：2020.01.31

1.基本情况及形成原因：贷款	单位名称：北京蓝天实业有限公司

2.本期增减发生额凭证测试查验：

期初数	本期增加	本期减少	期末数	—	—
			—		

(1)本期增加凭证查验：

日期	凭证编号	业务内容	会计分录				附件	发票抬头	审计结论
			科目名称	二级科目	借方	贷方			
2019-07-25	记020								

续表

(2)本期减少凭证查验:

日期	凭证编号	业务内容	会计分录				附件	付款单位	审计结论
			科目名称	二级科目	借方	贷方			
2019-03-01	记001								
2019-11-22	记016								

3.是否长期挂账,若长期挂账,说明原因及期后付款情况。

4.是否涉及诉讼,若涉及诉讼,取证相关诉讼文件并向律师函证。

5.是否涉及债务重组,若涉及债务重组,取证说明。

6.是否抵押、质押?

坏账准备会计估计和核销权限查验

所属会计师事务所:信达会计师事务所　　审核员:　　　　索引号:ZD1-1
被审计单位:北京科云家具制造有限公司
审查项目:坏账准备　　　　　　　　　　会计期间:2019年度　　日期:2020.01.31

一、会计估计查验

期末如果有客观证据表明应收款项发生减值,则将其账面价值减记至可收回金额,减记的金额确认为信用减值损失,计入当期损益。可收回金额是通过对其的未来现金流量(不包括尚未发生的信用损失)按原实际利率折现确定,并考虑相关担保物的价值(扣除预计处置费用等)。原实际利率是初始确认该应收款项时计算确定的实际利率。短期应收款项的预计未来现金流量与其现值相差很小,在确定相关减值损失时,不对其预计未来现金流量进行折现。

期末对于单项金额重大的应收款项单独进行减值测试。如有客观证据表明其发生了减值的,根据其未来现金流量现值低于其账面价值的差额,确认减值损失,计提坏账准备。

续表

单项金额重大是指对资产负债表日单个客户欠款余额大于 150 万元(含 150 万元等值)的应收账款及在资产负债表日单个明细欠款余额大于 50 万元(含 50 万元)的其他应收款。

对于期末单项金额非重大的应收款项,采用与经单独测试后未减值的应收款项一起按账龄作为类似信用风险特征划分为若干组合,再按这些应收项组合在期末余额的一定比例(可以单独进行减值测试)计算确定减值损失,计提坏账准备。

除已单独计提减值准备的应收款项外,公司根据以前年度与之相同或相类似的、具有应收款项按账龄段划分的类似信用风险特征组合的实际损失率为基础,结合现时情况确定以下坏账准备计提的比例(账龄分析法或余额百分比法):

应收款项(标明科目名称)账龄	计提比例
1 年以内	
1 至 2 年	
2 至 3 年	
3 至 4 年	
4 至 5 年	
5 年以上	

注:合并报表范围内的内部往来计提坏账( )不计提坏账(√)

查验说明:

二、核销权限查验

对因债务人撤销、破产,依照法律清偿程序后确实无法收回的应收款项;因债务人死亡,既无遗产可清偿,又无义务承担人,确实无法收回的应收款项;因债务人逾期未履行偿债义务并有确凿证据表明,确实无法收回的应收款项,按照公司管理权限批准核销。

"坏账准备-应收账款"调整分录汇总

所属会计师事务所：信达会计师事务所　　　审核员：　　　　　索引号：ZD1-0
被审计单位：北京科云家具制造有限公司
审查项目：坏账准备-应收款项　　　会计期间：2019年度　　　日期：2020.01.31

期初余额		
上年未审数	审计调整数	上年审定数

—

期初数—调整事项：					
调整事项说明	会计分录		调整金额		底稿索引
	一级科目	二级科目	借方	贷方	

期末余额		
本期未审数	审计调整数	本期审定数

—

期末数—调整事项：					
调整事项说明	会计分录		调整金额		底稿索引
	一级科目	二级科目	借方	贷方	

坏账准备审核表

所属会计师事务所:信达会计师事务所　　　审核员:　　　　　　索引号:ZD1-2
被审计单位:北京科云家具制造有限公司
审查项目:坏账准备-应收款项　　　　　　会计期间:2019年度　　　日期:2020.01.31

项目	账龄	应收款项审定数			按类似信用风险特征计提坏账准备基数(D=A-B-C)	计提比率(E)	按类似信用风险特征计提坏账准备金额(F=DE)	加:单独计提的坏账准备金额(G)	期末应提坏账准备合计(H=F+G)	审前金额					审计调整+(一)	审定余额
		金额(A)	减:不计提坏账准备的内部往来(B)	减:单独计提的应收款项原值(C)						年初余额	本期增加		本期减少		期末余额	
											计提	坏账收回	坏账核销	多提冲回		
应收款项	1年以内															
	1～2年															
	2～3年															
	3～4年															
	4～5年															
	5年以上															
	小计															

审计导引表

被审计单位:北京科云家具制造有限公司　　　审核员:　　　　　　日期:2020.01.31
会计期间:2019年度　　　　　　　　　　　　复核员:　　　　　　日期:2020.01.31

项目	本期未审数	账项调整		本期审定数	上期末审定数	索引号
		借方	贷方			
报表数:						
预收账款						
明细数:						
其中:						
预收账款						
审计说明:	预收账款的调整分录见FE-0"预收账款"调整分录汇总。					
审计结论:						

"预收账款"调整分录汇总

所属会计师事务所：信达会计师事务所　　审核员：　　　　　　索引号：FE-0
被审计单位：北京科云家具制造有限公司
审查项目：预收账款　　　　　　　　　　会计期间：2019 年度　　日期：2020.01.31

期初余额		
上年未审数	审计调整数	上年审定数
	—	

期初数—调整事项：

调整事项说明	会计分录		调整金额		底稿索引
	一级科目	二级科目	借方	贷方	

期末余额		
本期未审数	审计调整数	本期审定数
	—	

期末数—调整事项：

调整事项说明	会计分录		调整金额		底稿索引
	一级科目	二级科目	借方	贷方	

"预收账款"明细余额表(未审数)

所属会计师事务所:信达会计师事务所　　审核员:　　　　索引号:FE-1
被审计单位:北京科云家具制造有限公司
审查项目:预收账款　　　　　　　　会计期间:2019年度　　日期:2020.01.31

序号	客户名称	期初数	借方发生额	贷方发生额	期末数	币种	汇率	期末未审原币金额	本位币金额							
									借方						贷方
									1年以内	1~2年	2~3年	3~4年	4~5年	5年以上	
1	北京新源实业有限公司														
2	达业有限责任公司														
3															
4															
5															
6															
7															
8															
9															
10															
11															
合计	—				—										

审计说明:

预收账款余额明细表（审定数）

序号	债务人名称	本期末审数	汇率查验记录		审计调整		重分类调整		调整索引	审定金额	审定金额账龄							合并范围内的关联方（是/否）	非合并的关联方（是/否）	是否涉及诉讼（是/否）
			期末汇率	应调整金额	借	贷	借	贷		期末数本位币	1年以内	1~2年	2~3年	3~4年	4~5年	5年以上	借方			
1	北京新源实业有限公司																			
2	达业有限责任公司																			
3	楚天科技有限公司																			
4	风信有限公司																			
5	北京蓝天实业有限公司																			
6																				
7																				
8																				
9																				
10																				
预收账款余额合计：																				

审计说明：

发函清单

所属会计师事务所：信达会计师事务所　　**审核员**：　　**索引号**：FE-20-100
被审计单位：北京科云家具制造有限公司
审查项目：预收账款　　**会计期间**：2019年度　　**日期**：2020.01.31

序号	查验科目	询证金额	收信单位（被证方）名称	收信单位（被函证方）地址	收信单位（被函证方）联系部门	邮政编码	联系人	联系电话
1	预收账款		楚天科技有限公司					
2	预收账款		达业有限责任公司					
3	预收账款		风信有限公司					

发函要求：
1. 需填制"发函清单"。
2. 交由事务所前台统一对外发函的，请将"发函清单"填写清楚后，一式两份交给前台人员签收，并由发信（函）人与前台接收人各留一份。其中，发信（函）人应将所发出的函证复印件附在该清单后，一并作为工作底稿归档；前台接收人应将该清单与邮政局的相关交接资料等，一起交由事务所统一归档。

审计综合案例实训

"预收账款"函证结果汇总表

所属会计师事务所:信达会计师事务所 审核员: 索引号:FE-20
被审计单位:北京科云家具制造有限公司
审查项目:预收账款 会计期间:2019年度 日期:2020.01.31

查验纪要			合并范围内往来是否核对一致(√)	是否函证(√)	是否收到回函(√)	询证函证索引号 FE-30	收到回函查验				未收到回函及未函证查验			可确认金额合计	审计意见
序号	选取样本依据	单位名称	期末余额				可以确认金额			难以确认金额	通过替代审计可确认金额FE-40	未核实金额	查验索引		
							回函直接确认	调节后确认	调节索引FE-35	争议未决金额	其他				
1	余额前五名	楚天科技有限公司													
2	余额前五名	达业有限责任公司													
3	余额前五名	风信有限公司													
4															
5															
6															
合计															

注:1. 选取样本依据:A.大额;B.异常;C.账龄;D.随机。
　　2. 采用随机抽样的应说明抽样办法。

"预收账款"凭证查验记录—达业有限责任公司

所属会计师事务所:信达会计师事务所 审核员: 索引号:FE-50-1
被审计单位:北京科云家具制造有限公司
审查项目:预收账款 会计期间:2019年度 日期:2020.01.31

1.基本情况及形成原因:贷款	单位名称:达业有限责任公司

2.本期增减发生额凭证测试查验:

期初数	本期增加	本期减少	期末数	—	—
				—	

(1)本期增加凭证查验:

日期	凭证编号	业务内容	会计分录				附件	付款人名称	审计结论
			科目名称	二级科目	借方	贷方			
2019-11-30	记037								

续表

（2）本期减少凭证查验：

日期	凭证编号	业务内容	会计分录				附件	发票抬头	审计结论
			科目名称	二级科目	借方	贷方			

3.是否长期挂账,若长期挂账,说明原因及期后付款情况。

综合实训五

了解内部控制实际情况——采购业务

所属会计师事务所:信达会计师事务所	审核员:	索引号:D2-1-1
被审计单位:北京科云家具制造有限公司		
审查项目:	会计期间:2019年度	日期:2019.11.15

一、控制目标

健全各项采购业务管理制度,落实责任制,不断提高制度执行力,确保物资和劳务采购按质按量按时和经济高效地满足生产经营的需求。

二、关注的主要风险

①采购计划安排不合理,市场变化趋势预测不准确,造成库存短缺或积压,可能导致企业生产停滞或资源浪费;

②供应商选择不当,采购方式不合理,招投标或定价机制不科学,授权审批不规范,可能导致采购物资质次价高,出现舞弊或遭受欺诈;

③采购验收不规范,付款审核不严,可能导致采购物资、资金损失或信用受损。

三、主要控制流程

我们采用询问、观察和检查等程序,了解采购与付款主要控制流程,记录流程如下:

需求计划—采购计划—选择供应商—确定采购价格—订立框架协议或采购合同—管理供应过程—验收—付款—会计控制

四、主要控制

1.岗位职责

涉及的部门或关键管理人员	主要职责

续表

采购部门	保证本单位所需产品与服务的正常供应,以支持本单位生产及其他经营活动的顺利运作;不断改进采购过程及供应商管理过程,以提高货物质量;控制、减少所有与采购相关的成本;管理、控制好与采购……
仓库部门	验收采购物资和劳务的品种、规格、数量、质量和其他相关内容,并接收入库。
财务部门	对采购发票、结算凭证、验收证明等相关凭证的真实性、完整性、合法性及合规性进行严格审核;真实记录和反映企业采购各环节的资金流情况。

公司不相容岗位设置情况为:请购与付款;询价与确定供应商;采购合同的订立与审核;采购与验收;采购、验收与相关会计记录;付款审批与付款执行。

2.授权批准制度

①请购申请的审批;
②采购合同的审批;
③支付货款的审批。

3.信息系统管理

①定期更新和维护会计信息系统,确保数据准确;
②访问安全制度、规定操作权限及信息使用等确保数据安全保密、防止对数据非法修改删除;
③软件修改、升级和硬件更换等需要规定审批流程;
④数据源的管理制度,确保原始数据从录入到生成数据正确;
⑤指定专人负责信息化会计档案管理,定期检查,防止由于介质破坏而丢失会计档案。

五、了解结论

内部控制设计及执行情况的评价结果—采购业务

所属会计师事务所:信达会计师事务所　　审核员:　　　　索引号:D2-1-2
被审计单位:北京科云家具制造有限公司
审查项目:　　　　　　　　　　　　会计期间:2019 年度　　日期:2019.11.15

了解内部控制的过程及程序									
序号	主要业务活动	控制目标	受影响的报表项目及其认定	关键控制活动	被审计单位的控制活动	是否有相关内部控制制度（是/否）	内部控制设计是否合理（是/否）	上年已测试且本年没变化（是/否）	是否最终测试该控制活动运行的有效性（是/否）
1	采购	所记录的采购都已收到物品或已接受劳务,并符合购货方的最大利益	存货、应付票据、应付账款、预付款项:存在	采购经适当级别审批					
2	采购	已发生的采购业务均已记录	存货、应付票据、应付账款、预付款项:完整性	订货单、验收单、应付凭单均经事先编号并已登记入账					
3	采购	所记录的采购交易估价正确	存货、应付票据、应付账款、预付款项:计价与分摊	内部核查计算准确性					

续表

序号	主要业务活动	控制目标	受影响的报表项目及其认定	关键控制活动	被审计单位的控制活动	是否有相关内部控制制度（是/否）	内部控制设计是否合理（是/否）	上年已测试且本年没变化（是/否）	是否最终测试该控制活动运行的有效性(是/否)
4	采购	采购业务被正确记入应付账款和存货等明细账中,并被准确汇总	存货、应付票据、应付账款、预付款项：计价与分摊	对往来账户明细账内容进行内部核查,定期与供应商核对应付账款、应付票据、预……					
5	验收	已验收物资或接受劳务符合合同相关规定或产品质量要求	存货:存在	验收部门制定明确的采购验收标准,规范验收程序,涉及大宗和新特物资采购的……					
6	验收	已验收物资或接受劳务均附有有效采购订单	存货:存在	验收单与采购订单核对相符					
7	付款	仅对已记录的应付账款办理支付	应付票据、应付账款、预付款项、货币资金:存在	在核准付款前复核支持性文件					
8	付款	付款均已记录	应付票据、应付账款、预付款项、货币资金:完整性	定期将日记账中的付款记录与银行对账单进行核对					

采购与付款控制测试结论说明

说明:项目经理根据审计员了解的被审计单位采购与付款业务相关的内部控制实际情况和评价被审计单位采购与付款业务相关……

结论:

了解内部控制实际情况——固定资产

所属会计师事务所:信达会计师事务所	审核员:	索引号:D5-1-1
被审计单位:北京科云家具制造有限公司		
审查项目:	会计期间:2019年度	日期:2019.11.15

一、控制目标

保障固定资产安全,提高固定资产使用效能。

二、关注的主要风险

固定资产更新改造不够、使用效能低下、维护不当、产能过剩,可能导致企业缺乏竞争力、资产价值贬损、安全事故频发或资源浪费。

三、主要控制流程

我们采用询问、观察和检查等程序,了解了固定资产主要控制流程,记录流程如下:

制订战略—预算作业—资产取得—投保—日常维护—资产改造—报废淘汰—财务信息系统

四、主要控制

1. 岗位职责

涉及的部门或关键管理人员	主要职责
财务部门	①记录固定资产明细账; ②对固定资产技改方案进行预算可行性分析; ③清查固定资产; ④评估抵押固定资产。

公司不相容岗位设置情况为:
①固定资产的验收与支付款项相分离;
②固定资产的使用人员与记账人员相分离;
③固定资产清查由固定资产使用部门、财务部门共同进行;
④固定资产处置的审批与处置的执行相分离。

续表

2.授权批准制度
①对应投保固定资产的审批；
②对固定资产清查方案、清查报告、清查中发现的盘盈（盘亏）的审批；
③对固定资产抵押、质押的审批；
④对固定资产处置的审批。
3.信息系统管理
①定期更新和维护会计信息系统，确保数据准确；
②访问安全制度、规定操作权限及信息使用等确保数据安全保密、防止对数据非法修改删除；
③软件修改、升级和硬件更换等需要规定审批流程；
④数据源的管理制度，确保原始数据从录入到生成数据正确；
⑤指定专人负责信息化会计档案管理，定期检查，防止由于介质破坏而丢失会计档案。
五、了解结论

内部控制设计及执行情况的评价结果—固定资产管理

所属会计师事务所：信达会计师事务所　　审核员：　　索引号：D5-1-2
被审计单位：北京科云家具制造有限公司
审查项目：　　　　　　　　　　　　　　会计期间：2019 年度　　日期：2019.11.15

了解内部控制的过程及程序									
序号	主要业务活动	控制目标	受影响的报表项目及其认定	关键控制活动	被审计单位的控制活动	是否有相关内部控制制度（是/否）	内部控制设计是否合理（是/否）	上年已测试且本年没变化（是/否）	是否最终测试该控制活动运行的有效性（是/否）
1	固定资产取得	防止固定资产质量不符要求，影响固定资产运行	固定资产：存在	建立严格的固定资产交付使用验收制度，由相关部门详细填制验收单或验收报告					
2	固定资产取得	防止固定资产产权不清晰	固定资产：权利和义务	对于具有权属证明的固定资产，取得时必须有合法的权属证书					

续表

序号	主要业务活动	控制目标	受影响的报表项目及其认定	关键控制活动	被审计单位的控制活动	是否有相关内部控制制度（是/否）	内部控制设计是否合理（是/否）	上年已测试且本年没变化（是/否）	是否最终测试该控制活动运行的有效性（是/否）
3	固定资产取得	防范固定资产损失风险	固定资产：存在、计价与分推	建立完善的固定资产投保制度，对应投保的固定资产项目按规定程序进行审批后投保					
4	资产登记造册	防止固定资产流失，固定资产信息失真，账实不符	固定资产：存在、完整性	编制固定资产目录，建立固定资产卡片，对目录和卡片均定期或不定期复核					
5	资产清查	保证固定资产账实相符，防止固定资产丢失、毁损、发生严重贬值	固定资产：存在、完整性	财务部门组织固定资产使用部门和管理部门定期进行清查					
6	抵押质押	防止抵押固定资产低估和固定资产流失	固定资产：权利和义务	固定资产抵押、质押需经过授权审批，并做好相应记录					
7	固定资产处置	防止企业经济损失	固定资产清理：计价与分摊。固定资产：存在、计价与分摊、权利和义务	建立健全固定资产处置制度，并对处置进行审批					

固定资产管理控制测试结论说明

说明:项目经理根据审计员了解的被审计单位固定资产管理相关的内部控制实际情况和评价被审计单位固定资产管理相关的……

结论:

审计导引表

被审计单位:北京科云家具制造有限公司　　审核员:　　日期:2020.01.31
会计期间:2019 年度　　　　　　　　　　　复核员:　　日期:2020.01.31

项目	本期未审数	账项调整		本期审定数	上期末审定数	索引号
		借方	贷方			
报表数:						
固定资产						
明细数:						
其中:						
固定资产原值						
累计折旧						
减值准备						
审计说明:	1.固定资产的调整分录见 Z0-0"固定资产"调整分录汇总; 2.累计折旧的调整分录见 Z0-20"累计折旧"调整分录汇总。					
审计结论:						

"固定资产"调整分录汇总

所属会计师事务所:信达会计师事务所　　　审核员：　　　索引号:Z0-0
被审计单位:北京科云家具制造有限公司
审查项目:固定资产　　　会计期间:2019年度　　　日期:2020.01.31

期初余额		
上年未审数	审计调整数	上年审定数
	—	

期初数—调整事项：					
调整事项说明	会计分录		调整金额		底稿索引
	一级科目	二级科目	借方	贷方	

期末余额		
本期未审数	审计调整数	本期审定数
	—	

期末数—调整事项：					
调整事项说明	会计分录		调整金额		底稿索引
	一级科目	二级科目	借方	贷方	

"累计折旧"调整分录汇总

所属会计师事务所：信达会计师事务所　　　审核员：　　　　　　索引号：Z0-20
被审计单位：北京科云家具制造有限公司
审查项目：累计折旧　　　　　　　　　　　会计期间：2019年度　　日期：2020.01.31

期初余额		
上年未审数	审计调整数	上年审定数

—

期初数—调整事项：					
调整事项说明	会计分录		调整金额		底稿索引
	一级科目	二级科目	借方	贷方	

期末余额		
本期未审数	审计调整数	本期审定数

—

期末数—调整事项：					
调整事项说明	会计分录		调整金额		底稿索引
	一级科目	二级科目	借方	贷方	

审计综合案例实训

固定资产及累计折旧增减变动表（未审数）

所属会计师事务所：信达会计师事务所　　　　审核员：　　　　　　索引号：Z0-2
被审计单位：北京科云家具制造有限公司
审查项目：固定资产　　　　　　　　　　　会计期间：2019年度　　日期：2020.01.31

	大类	被审计单位提供				T/F	查验索引	审计人员填写				调整索引
								审计调整金额				
		期初数	本年增加	本年减少	期末数	—			期初数	本年增加	本年减少	—	
固定资产原价	房屋建筑物											
	专用设备											
	通用设备											
	交通工具											
	其他设备											
	固定资产装修											
	—											
	—											
	小计											

	大类	审计前账面金额				T/F	查验索引	审计调整金额				调整索引
		期初数	本年提取增加	本年其他增加	本年减少	期末数			期初数	本年提取增加	本年其他增加	本年减少	
累计折旧	房屋建筑物												
	专用设备												
	通用设备												
	交通工具												
	其他设备												
	固定资产装修												
	—												
	—												
	小计												

续表

大类		审计前账面金额				T/F	查验索引	审计调整金额			—	调整索引
		期初数	本年增加	本年减少	期末数			期初数	本年增加	本年减少		
固定资产减值准备	房屋建筑物											
	专用设备											
	通用设备											
	交通工具											
	其他设备											
	固定资产装修											
	—											
	—											
	小计											
本期新增固定资产	项目	固定资产原值	累计折旧	项目	固定资产原值	累计折旧						
	(1)购入			(7)								
	(2)在建工程			(8)								
	(3)投资转入			(9)								
	(4)捐赠			(10)								
	(5)债务重组取得			合计								
	(6)非货币性交易取得			其中：集团企业转入								

续表

	项目	固定资产原值	累计折旧	清理收入	清理费用	清理净损益					
本期减少固定资产	(1)出售、报废										
	(2)盘亏										
	(3)投资转出										
	(4)										
	(5)										
	合计										
	其中:转至集团内企业										

固定资产核算说明

所属会计师事务所:信达会计师事务所　　　　审核员:　　　　　　　　索引号:Z0-4

被审计单位:北京科云家具制造有限公司

审查项目:固定资产　　　　　　　　会计期间:2019年度　　　　日期:2020.01.31

固定资产计价和核算的规定

1. 标准:为生产商品、提供劳务、出租或经营管理而持有的使用寿命超过1个会计年度的有形资产。

2. 分类:房屋建筑物、专用设备、通用设备、交通工具、其他设备、固定资产装修、经营租入固定资产改良。

3. 折旧计提方法:年限平均法分类计提。具体如下:

固定资产类别	预计使用年限	预计净残值率	年折旧率
房屋建筑物			
专用设备			
通用设备			
交通工具			
其他设备			
固定资产装修			

固定资产明细表

所属会计师事务所：信达会计师事务所　　　　审核员：　　　　　　索引号：Z0-10
被审计单位：北京科云家具制造有限公司
审查项目：固定资产　　　　　　　　　　　　会计期间：2019年度　　日期：2020.01.31

序号	类别	固定资产名称	购置日期	数量	固定资产原值 期初数	本期增加	本期减少	期末数	累计折旧 期初数	本期增加	本期减少	期末数	固定资产减值准备 期初数	本期增加	本期减少	期末数
		房屋建筑物小计														
010	交通工具	小轿车	2018-12-08	1	120000.00	0.00	0.00	120000.00	0.00	22800.00	0.00	22800.00	0.00	0.00	0.00	0.00
		交通工具小计														
001	通用设备	联想电脑台式	2018-12-08	1	3600.00	0.00	3600.00	0.00	0.00	1045.00	1045.00	0.00	0.00	0.00	0.00	0.00
002	通用设备	联想笔记本	2018-12-08	1	4500.00	0.00	0.00	4500.00	0.00	1425.00	0.00	1425.00	0.00	0.00	0.00	0.00
005	通用设备	中央空调	2018-12-08	1	12120.00	0.00	0.00	12120.00	0.00	3837.96	0.00	3837.96	0.00	0.00	0.00	0.00
006	通用设备	1P空调	2018-12-08	1	4620.00	0.00	0.00	4620.00	0.00	1463.04	0.00	1463.04	0.00	0.00	0.00	0.00
007	通用设备	2P空调	2018-12-08	1	6720.00	0.00	0.00	6720.00	0.00	2127.96	0.00	2127.96	0.00	0.00	0.00	0.00
008	通用设备	打印机	2018-12-08	1	3000.00	0.00	0.00	3000.00	0.00	950.04	0.00	950.04	0.00	0.00	0.00	0.00
009	通用设备	联想笔记本	2018-12-08	1	3700.00	0.00	0.00	3700.00	0.00	1171.68	0.00	1171.68	0.00	0.00	0.00	0.00
011	通用设备	美的空调	2019-07-10	1	0.00	4000.00	0.00	4000.00	0.00	527.80	0.00	527.80	0.00	0.00	0.00	0.00
012	通用设备	联想笔记本	2019-12-09	1	0.00	5000.00	0.00	5000.00	0.00	131.94	0.00	131.94	0.00	0.00	0.00	0.00
013	通用设备	联想笔记本	2019-12-09	1	0.00	5000.00	0.00	5000.00	0.00	131.94	0.00	131.94	0.00	0.00	0.00	0.00
014	通用设备	联想笔记本	2019-12-09	1	0.00	5000.00	0.00	5000.00	0.00	131.94	0.00	131.94	0.00	0.00	0.00	0.00
		通用设备小计														
003	专用设备	1号生产线	2018-12-08	1	650600.00	0.00	0.00	650600.00	0.00	206023.32	0.00	206023.32	0.00	0.00	0.00	0.00
004	专用设备	2号生产线	2018-12-08	1	330600.00	0.00	0.00	330600.00	0.00	104690.04	0.00	104690.04	0.00	0.00	0.00	0.00
		专用设备小计														
	其他设备小计															
	固定资产装修															
	总计															

固定资产明细及累计折旧复核表

所属会计师事务所：信达会计师事务所　　　　审核员：　　　　　　索引号：Z0-11
被审计单位：北京科云家具制造有限公司
审查项目：固定资产　　　　　　　　　　　　会计期间：2019年度　　日期：2020.01.31

折旧复核											
序号	类别	固定资产名称	购置日期	审定数原值	残值率	预计使用月数	残值	月折旧	本期应提折旧月份数	本期应提折旧	账面已提折旧	差异
		房屋建筑物小计		—								
10	交通工具	小轿车	2018-12-08									
		交通工具小计		—	—	—	—	—				

续表

序号	类别	固定资产名称	购置日期	审定数原值	残值率	预计使用月数	残值	月折旧	本期应提折旧月份数	本期应提折旧	账面已提折旧	差异
1	通用设备	联想电脑台式	2018-12-08									
2	通用设备	联想笔记本	2018-12-08									
5	通用设备	中央空调	2018-12-08									
6	通用设备	1P空调	2018-12-08									
7	通用设备	2P空调	2018-12-08									
8	通用设备	打印机	2018-12-08									
9	通用设备	联想笔记本	2018-12-08									
11	通用设备	美的空调	2019-07-10									
12	通用设备	联想笔记本	2019-12-09									
13	通用设备	联想笔记本	2019-12-09									
14	通用设备	联想笔记本	2019-12-09									
	通用设备小计			—	—	—	—	—				
3	专用设备	1号生产线	2018-12-08									
4	专用设备	2号生产线	2018-12-08									
	专用设备小计			—	—	—	—	—				
	其他设备小计			—	—	—	—	—				
	固定资产装修			—	—	—	—	—				
	总计			—	—	—	—	—				

车辆权证查验记录

所属会计师事务所:信达会计师事务所　　审核员：　　　　　索引号:Z0-31
被审计单位:北京科云家具制造有限公司
审查项目:固定资产　　　　　　会计期间:2019年度　　　日期:2020.01.31

一、获得公司相关权证,复印并加盖公司公章(已和原件核对一致)

二、产权证核对表

资产名称	车主名称	机动车登记编号	机动车登记机关	登记日期	账面原值	累计折旧	账面净值
小型轿车							
合计	—	—	—	—			

三、审计结论

新增固定资产抽查记录表

所属会计师事务所:信达会计师事务所　　审核员：　　　　　索引号:Z0-40
被审计单位:北京科云家具制造有限公司
审查项目:固定资产　　　　　　会计期间:2019年度　　　日期:2020.01.31

序号	名称	规格	编号	抽查账面原值	账面数量	入账凭证号	对应科目	索引	计价正确(√)	结转手续完备(√)	授权批准(√)	具有所有权	审计意见
1	美的空调		011										
2	联想笔记本		012										
3	联想笔记本		013										
4	联想笔记本		014										
—	合计	—	—										

续表

抽查结果汇总			固定资产借方发生额分析				
			来源	对应科目	金额	备注	索引
抽查金额合计		正确笔数					—
新增账面原值总计		抽查笔数	外购	银行存款			
抽查比例		正确率		其他应付款			
				现金			
需要说明的事项: 1.结转手续完备主要检查在建工程又无竣工验收单,有无设备部等部门验收手续等; 2.授权批准请关注付款有无审批手续。			在建工程转入	在建工程			
			合计	—		—	—

本期减少固定资产查验记录

所属会计师事务所:信达会计师事务所　　　　审核员:　　　　索引号:Z0-50

被审计单位:北京科云家具制造有限公司

审查项目:固定资产　　　　会计期间:2019年度　　　　日期:2020.01.31

资产名称	处置类型(报废、出售、调拨)	转入清理的固定资产			清理净收入		清理净损益	审计说明	调整分录	备注
		原值	累计折旧	净值	收入	费用				
联想电脑台式	出售									
合计										
审计结论										

核对内容说明:

1.有授权批准;

2.结转手续完备;

3.账务处理正确及时;

4.原始凭证内容完整;

5.计价正确。

固定资产盘点清单表

所属会计师事务所：信达会计师事务所　　审核员：　　　　索引号：Z0-63
被审计单位：北京科云家具制造有限公司
审查项目：固定资产　　　　　　会计期间：2019 年度　　　日期：2020.01.31

序号	名称	编号	资产存放地	账面原值	是否盘点	账面数量	实盘数量	账实相符（√）	盘盈（√）	盘亏（√）	盈亏原因	审计意见	附件及索引
1	联想笔记本	002	办公室	4500.00		1							
2	1号生产线	003	车间	650600.00		1							
3	2号生产线	004	车间	330600.00		1							
4	中央空调	005	车间	12120.00		1							
5	1P空调	006	办公室	4620.00		1							
6	2P空调	007	办公室	6720.00		1							
7	打印机	008	办公室	3000.00		1							
8	联想笔记本	009	办公室	3700.00		1							
9	小轿车	010	车库	120000.00		1							
10	美的空调	011	办公室	4000.00		1							
11	联想笔记本	012	办公室	5000.00		1							
12	联想笔记本	013	办公室	5000.00		1							
13	联想笔记本	014	办公室	5000.00		1							
合计		—	—	1154860.00									

抽查结果汇总：	
抽查金额合计	
账面原值总计	
抽查比例	

监盘人：　　　　　　　　　　　　　　盘点人：

审计导引表

被审计单位:北京科云家具制造有限公司　　审核员:　　日期:2020.01.31
会计期间:2019年度　　　　　　　　　　　　复核员:　　日期:2020.01.31

项目	本期未审数	账项调整		本期审定数	上期末审定数	索引号
		借方	贷方			
报表数:						
应付账款						
明细数:						
其中:						
应付账款						
审计说明:	应付账款的调整分录见FD-0"应付账款"调整分录汇总。					
审计结论:						

"应付账款"调整分录汇总

所属会计师事务所:信达会计师事务所　　审核员:　　索引号:FD-0
被审计单位:北京科云家具制造有限公司
审查项目:应付账款　　　　　　　　　　会计期间:2019年度　　日期:2020.01.31

期初余额		
上年未审数	审计调整数	上年审定数
	—	

续表

期初数—调整事项:

调整事项说明	会计分录		调整金额		底稿索引
	一级科目	二级科目	借方	贷方	

期末余额		
本期未审数	审计调整数	本期审定数

期末数—调整事项:

调整事项说明	会计分录		调整金额		底稿索引
	一级科目	二级科目	借方	贷方	

应付账款明细余额表（未审数）

所属会计师事务所：信达会计师事务所　　审核员：　　索引号：FD-1
被审计单位：北京科云家具制造有限公司
审查项目：应付账款　　会计期间：2019年度　　日期：2020.01.31

被审计单位提供

债权人名称	样本量选取A/B	原因、性质及内容	本位币金额					币种	汇率	期末原币金额	本位币账龄						期后付款金额
			期初余额		本期增加	本期减少	期末余额					贷方			借方		
			借方余额	贷方余额			借方余额	贷方余额				1年以内	1~2年	2~3年	3年以上	金额	账龄
石家庄亿达股份有限公司		贷款															
广州凯特股份有限公司		贷款															
北京佳美股份有限公司		贷款															
北京蓝天实业有限公司		贷款															
红木有限责任公司		贷款															
合计	—								—	—	—					—	

"应付账款"余额及发生额分析

所属会计师事务所:信达会计师事务所　　审核员:　　　　索引号:FD-2
被审计单位:北京科云家具制造有限公司
审查项目:应付账款　　　　　　　　　　会计期间:2019年度　　日期:2020.01.31

一、应付账款周转率分析：

项目	2019年度未审数	2018年度未审数
期初应付账款		
期末应付账款		
本期购货金额		
应付账款周转率		
平均周转天数(天)		
期末存货余额		
期末应付账款占存货比重		
分析：		

二、应付账款贷方发生额与存货采购金额核对详见存货底稿A10-c。

三、应付账款借方发生额分析：

项目	金额	数据来源	与对应科目核对
本期应付账款借方发生额合计：			
其中:1.应付账款转入应付票据金额			
2.现金支付			
3.银行存款支付			
4.其他(请分别列示)			
小计：			
审计结论：			

发函清单

所属会计师事务所:信达会计师事务所　　　审核员:　　　　　索引号:FD-70
被审计单位:北京科云家具制造有限公司
审查项目:应付账款　　　　　　　　　　　会计期间:2019年度　　日期:2020.01.31

序号	查验科目	询证金额	收信单位(被函证方)名称	收信单位(被函证方)地址	收信单位(被函证方)联系部门(人)	邮政编码	联系人	联系电话
1	应付账款		广州凯特股份有限公司					
2	应付账款		北京佳美股份有限公司					

应付账款替代测试表

所属会计师事务所:信达会计师事务所　　审核员:　　　　　索引号:FD-36
被审计单位:北京科云家具制造有限公司
审查项目:应付账款　　　　　　　　　　会计期间:2019年度　　日期:2020.01.31

一、资产负债表日前贷方金额检查

单位名称	期末余额	测试内容				检查内容			
		日期	凭证号	摘要	金额	①	②	③	④
北京佳美股份有限公司									

检查内容说明:①原始凭证是否齐全;②记账凭证与原始凭证是否相符;③账务处理是否正确;④是否记录在恰当的会计期间。

二、资产负债表日后的付款检查

单位名称	期末余额	测试内容				检查内容			
		日期	凭证号	摘要	金额	①	②	③	④
北京佳美股份有限公司									

检查内容说明:①原始凭证是否齐全;②记账凭证与原始凭证是否相符;③账务处理是否正确;④是否记录在恰当的会计期间。

审计结论:

"应付账款"函证结果汇总表

所属会计师事务所：信达会计师事务所　　　审核员：　　　　索引号：FD-30
被审计单位：北京科云家具制造有限公司
审查项目：应付账款　　　　　　　　　　　会计期间：2019年度　　日期：2020.01.31

序号	查验纪要		期末余额	合并范围内往来是否核对一致(√)，不一致见F10-20	是否函证(√)	是否收到回函(√)	收到回函查验						未收到回函及未函证查验			可确认金额合计	审计意见
	选取样本依据	单位名称					询证函证索引号（F10-40-1）	可以确认金额			难以确认金额		通过替代审计可确认金额ZD-40	未核实金额	查验索引		
								回函直接确认	调节后可确认	调节索引FD-35	争议未决金额	其他					
1	选取余额前十名	广州凯特股份有限公司															
2	选取余额前十名	北京佳美股份有限公司															
3																	
4																	
5																	
6																	
合计			—	—	—	—	—				—						

注：1.选取样本依据：A.大额；B.异常；C.账龄；D.随机。
　　2.采用随机抽样的应说明随机抽样的办法。

应付账款发生额测试（余额前 n 位）

所属会计师事务所：信达会计师事务所　　　审核员：　　　　索引号：FD-20
被审计单位：北京科云家具制造有限公司
审查项目：应付账款　　　　　　　　　　　会计期间：2019年度　　日期：2020.01.31

序号	单位名称	余额	占期末余额的比例	是否函证(√)	是否回函(√)	抽查合同	发票	入库单	运输单证	备注	索引	审计意见
1	广州凯特股份有限公司											
2	北京佳美股份有限公司											
3												
4												
5												
6												
合计		—										

注：应付账款余额前n位（视被审计单位情况由计划决定），适用于业务较集中的被审计单位。

审计结论：

应付账款发生额测试（交易前10位）

所属会计师事务所：信达会计师事务所　　　审核员：　　　索引号：FD-21
被审计单位：北京科云家具制造有限公司
审查项目：应付账款　　　会计期间：2019年度　　　日期：2020.01.31

序号	单位名称	贷方发生额	占当期发生额的比例	是否函证(√)	是否回函(√)	抽查合同	发票	入库单	运输单证	备注	索引	审计意见
1	广州凯特股份有限公司		42.15%									
2	北京佳美股份有限公司		38.70%									
3	北京蓝天实业有限公司		19.16%									
4												
5												
6												
合计	—		100.00%	—	—	—	—	—	—	—	—	

审计结论：

"应付账款"凭证查验记录—广州凯特股份有限公司

所属会计师事务所：信达会计师事务所　　　审核员：　　　索引号：FD-50-1
被审计单位：北京科云家具制造有限公司
审查项目：应付账款　　　会计期间：2019年度　　　日期：2020.01.31

1.基本情况及形成原因：贷款		单位名称：广州凯特股份有限公司			
2.本期增减发生额凭证测试查验：					
期初数		本期增加	本期减少	期末数	—
		—			

续表

(1)本期增加凭证查验：

日期	凭证编号	业务内容	会计分录				附件	索引号	审计结论
			科目名称	二级科目	借方	贷方			
2019-01-01	记001								
2019-12-31	记033								
2019-12-31	记034								

(2)本期减少凭证查验：

日期	凭证编号	业务内容	会计分录				附件	索引号	审计结论
			科目名称	二级科目	借方	贷方			

3.审计结论：

审计综合案例实训

审计导引表

被审计单位:北京科云家具制造有限公司　　审核员:　　　　日期:2020.01.31
会计期间:2019 年度　　　　　　　　　　　复核员:　　　　日期:2020.01.31

项目	本期未审数	账项调整		本期审定数	上期末审定数	索引号
		借方	贷方			
报表数:						
预付账款						
明细数:						
其中:						
预付账款						
审计说明:	预付账款的调整分录见 ZE-0"预付账款"调整分录汇总。					
审计结论:						

"预付账款"调整分录汇总

所属会计师事务所:信达会计师事务所　　审核员:　　　　索引号:ZE-0
被审计单位:北京科云家具制造有限公司
审查项目:预付账款　　　　　　　　　会计期间:2019 年度　　日期:2020.01.31

期初余额		
上年未审数	审计调整数	上年审定数
	—	

92

续表

期初数—调整事项:

调整事项说明	会计分录		调整金额		底稿索引
	一级科目	二级科目	借方	贷方	

期末余额		
本期未审数	审计调整数	本期审定数
	—	

期末数—调整事项:

调整事项说明	会计分录		调整金额		底稿索引
	一级科目	二级科目	借方	贷方	

预付账款明细余额表(未审数)

所属会计师事务所:信达会计师事务所　　审核员:　　索引号:ZE-1
被审计单位:北京科云家具制造有限公司
审查项目:预付账款　　会计期间:2019年度　　日期:2020.01.31

债权人名称	样本量选取A/B	原因、性质及内容	被审计单位提供							币种	汇率	期末原币金额	本位币账龄						期后转销金额
			本位币金额										贷方				借方		
			期初余额		本期增加	本期减少	期末余额						1年以内	1~2年	2~3年	3年以上	金额	账龄	
			借方余额	贷方余额			借方余额	贷方余额											
山东烟台舒氏桌椅厂		贷款																	
红木有限责任公司		贷款																	
合计	—		—																

预付账款余额分析

所属会计师事务所:信达会计师事务所　　审核员:　　　　索引号:ZE-2
被审计单位:北京科云家具制造有限公司
审查项目:预付账款　　　　　　　　　　会计期间:2019 年度　　日期:2020.01.31

一、预付账款余额分析:

项目	2019 年度未审数	2018 年度未审数
预付账款余额		
其中:与存货有关		
与在建工程有关		
增减比例		
存货余额		
期末预付账款余额占存货比重		
审计结论:		

发函清单

所属会计师事务所:信达会计师事务所　　审核员:　　　　索引号:ZE-20-100
被审计单位:北京科云家具制造有限公司
审查项目:预付账款　　　　　　　　　　会计期间:2019 年度　　日期:2020.01.31

序号	查验科目	询证金额	收信单位(被函证方)名称	收信单位(被函证方)地址	收信单位(被函证方)联系部门	邮政编码	联系人	联系电话
1	预付账款		山东烟台舒氏桌椅厂					
2	预付账款		红木有限责任公司					

发函要求:

1.需填制"发函清单"。

2.交由事务所前台统一对外发函的,请将"发函清单"填写清楚后,一式两份交给前台人员签收,并由发信(函)人与前台接收人各留一份。其中,发信(函)人应将所发出的函证复印件附在该清单后,一并作为工作底稿归档;前台接收人应将该清单与邮政局的相关交接资料等,一起交由事务所统一归档。

3.由审计人员自行前往邮政局发函的,应将有关挂号信凭证小票及所发出的函证复印件附在所填制的"发函清单"后,一并作为工作底稿归档。

4.不得交由被审计单位发函。

"预收账款"函证地址核对记录

所属会计师事务所:信达会计师事务所 　　审核员:　　　　　索引号:ZE-10-200
被审计单位:北京科云家具制造有限公司
审查项目:预收账款　　　　　　　会计期间:2019年度　　　　日期:2020.01.31

序号	查验科目	收信单位(被函证方)名称	收信单位(被函证方)地址	收到或开具的增值税发票中标明的对方地址	增值税发票索引	地址核对记录 核对一致(√)	地址核对记录 核对不一致(√)	地址不一致原因	其他证明	客户书面说明索引
1	预付账款	山东烟台舒氏桌椅厂								
2	预付账款	红木有限责任公司								

"预付账款"函证结果汇总表

所属会计师事务所:信达会计师事务所　　审核员:　　　　　索引号:ZE-10
被审计单位:北京科云家具制造有限公司
审查项目:预付账款　　　　　　　　　　会计期间:2019年度　　日期:2020.01.31

序号	查验纪要		合并范围内往来是否核对一致(√),不一致见ZE-20	收到回函查验							未收到回函及未函证查验			可确认金额合计	审计意见
	选取样本依据	单位名称	期末余额		是否函证(√)	是否收到回函(√)	询证函证索引号ZE-10	可以确认金额				难以确认金额			通过替代审计可确认金额ZE-30	未核实金额	查验索引		
								回函直接确认	调节后可确认	调节索引ZE-11	争议未决金额	其他					
1	选取余额前十名	山东烟台舒氏桌椅厂															
2	选取余额前十名	红木有限责任公司															
3																	
4																	
5																	
6																	
合计			—		—	—		—	—		—	—		—	—	—	

注:1. 选取样本依据:A.大额;B.异常;C.账龄;D.随机。
　　2. 采用随机抽样的应说明随机抽样的办法。

"预付账款"凭证查验记录—山东烟台舒氏桌椅厂

所属会计师事务所:信达会计师事务所　　审核员:　　　　　索引号:ZE-40-1
被审计单位:北京科云家具制造有限公司
审查项目:预付账款　　　　　　　　　　会计期间:2019年度　　日期:2020.01.31

1. 基本情况及形成原因:贷款　　　　单位名称:山东烟台舒氏桌椅厂
2. 本期增减发生额凭证测试查验:

期初数	本期增加	本期减少	期末数	—	—
				—	

(1)本期增加凭证查验:

日期	凭证编号	业务内容	会计分录					附件	收款人名称	审计结论
			科目名称	二级科目	借方	贷方				

续表

(2)本期减少凭证查验：

日期	凭证编号	业务内容	会计分录				附件	发票开票人	审计结论
			科目名称	二级科目	借方	贷方			
2019-12-01	记001								

3.审计结论：

综合实训六

了解内部控制实际情况—存货管理

所属会计事务所：信达会计师事务所　　审核员：　　　　索引号：D4-1-1
被审计单位：北京科云家具制造有限公司
审查项目：　　　　　　　　　　　会计期间：2019年度　　日期：2019.11.15

一、控制目标

保障存货安全，提高存货效能。

二、关注的主要风险

①存货管理不当，造成存货积压或短缺，可能导致流动资金占用过量、存货价值贬损或生产中断；
②存货资产安全存在隐患，可能造成资产损失。

三、主要控制流程（生产企业）

我们采用询问、观察和检查等程序，了解存货主要控制流程，记录流程如下：

供应商—原材料验收—原料加工—装配包装—经销商/用户

四、主要控制

1. 岗位职责

涉及的部门或关键管理人员	主要职责
仓管部	①负责存货的验收入库； ②负责存货的保管，确保存货的安全； ③管理存货的出入库； ④记录上述事项； ⑤对存货进行盘点。
财务部门	①记录存货明细账； ②对存货进行盘点。

续表

公司不相容岗位设置情况为：
①实物的验收保管与记录相分离；
②发出存货的审批者与存货保管员相分离。

2. 授权批准制度

①管理层对存货预算和采购计划的审批；
②对应投保存货的审批；
③除存货管理、监督部门及仓储人员外，其他部门和人员接触存货，需要经过相关部门特别授权；
④对存货发出和领用进行审批，对大批货物、贵重商品或危险品的发出实行特别授权；
⑤对盘点计划的审批；
⑥对盘点清查中发现问题的审批；
⑦对存货处置的审批。

3. 信息系统管理

①定期更新和维护会计信息系统，确保数据准确；
②访问安全制度、规定操作权限及信息使用等确保数据安全保密、防止对数据非法修改删除；
③软件修改、升级和硬件更换等需要规定审批流程；
④数据源的管理制度，确保原始数据从录入到生成数据正确；
⑤指定专人负责信息化会计档案管理，定期检查，防止由于介质破坏而丢失会计档案。

五、了解结论

内部控制设计及执行情况的评价结果—存货管理

所属会计师事务所：信达会计师事务所　　审核员：　　索引号：D4-1-2
被审计单位：北京科云家具制造有限公司
审查项目：　　　　　　　　　　会计期间：2019年度　　日期：2019.11.15

序号	主要业务活动	控制目标	受影响的报表项目及其认定	关键控制活动	被审计单位的控制活动	是否有相关内部控制制度（是/否）	内部控制设计是否合理（是/否）	上年已测试且本年没变化（是/否）	是否最终测试该控制活动运行的有效性（是/否）
				了解内部控制的过程及程序					
1	验收入库	防止入库存货数量克扣、以次充好、账实不符	存货：存在、权利和义务、计价与分摊	对外购存货、自制存货等各类存货建立完善的验收制度					
2	验收入库	防止入库存货数量克扣、以次充好、账实不符	存货：存在、计价与分摊	仓储部门填写入库记录，并定期与财务等相关部门核对					
3	仓储保管	确保仓库存货的安全与完整，防止损坏变质、价值贬损	存货：存在、计价与分摊	仓储人员对存货在不同仓库之间的流动进行记录					
4	仓储保管	确保仓库存货的安全与完整，防止损坏变质、价值贬损	存货：存在、计价与分摊	由专人对仓储物资的贮存定期进行检查					

续表

序号	主要业务活动	控制目标	受影响的报表项目及其认定	关键控制活动	被审计单位的控制活动	是否有相关内部控制制度（是/否）	内部控制设计是否合理（是/否）	上年已测试且本年没变化（是/否）	是否最终测试该控制活动运行的有效性(是/否)
5	仓储保管	确保仓库存货的安全与完整，防止损坏变质、价值贬损	存货：存在、计价与分摊、权利和义务	对代管、代销、暂存、受托加工的存货，单独存放					
6	仓储保管	确保仓库存货的安全与完整，防止损坏变质、价值贬损	存货：权利和义务	对应投保的存货审批后进行投保					
7	仓储保管	确保仓库存货的安全与完整，防止损坏变质、价值贬损	存货：存在、完整性、计价与分摊	仓储部门对存货进行每日巡查和定期抽检，详细记录……					
8	仓储保管	确保仓库存货的安全与完整，防止损坏变质、价值贬损	存货：存在、完整性	除存货管理、监督部门及仓储人员外，其他部门和人员……					
9	领用发出	确保发出存货的安全，防止货物流失	营业成本：发生。存货：存在	制定严格的存货准出制度，明确存货发出和领用的审批……					

续表

序号	主要业务活动	控制目标	受影响的报表项目及其认定	关键控制活动	被审计单位的控制活动	是否有相关内部控制制度(是/否)	内部控制设计是否合理(是/否)	上年已测试且本年没变化(是/否)	是否最终测试该控制活动运行的有效性(是/否)
10	盘点清查	查清存货真实状况,防止工作流于形式	存货:存在、完整性、计价与分摊	结合实际情况,进行不定期抽查和定期盘点					
11	存货处置	确保存货处置的合理性,防止企业利益受损	营业外支出:发生、准确性;存货:存在、计价与分摊	定期对存货进行检查,对于存货变质、毁损、报废或……					

存货管理测试结论说明

说明:项目经理根据审计员了解的被审计单位存货管理与被审计单位财务报告相关的内部控制实际情况和评价被审计单位存货管理……

结论:

审计导引表

被审计单位:北京科云家具制造有限公司　　审核员:　　　　日期:2020.01.31
会计期间:2019年度　　　　　　　　　　　　复核员:　　　　日期:2020.01.31

项目	本期未审数	账项调整		本期审定数	上期末审定数	索引号
		借方	贷方			
报表数:						
明细数:						
其中:						
原材料						

续表

项目	本期未审数	账项调整		本期审定数	上期末审定数	索引号
		借方	贷方			

审计说明： 本期未审数、账项调整和审定数详见 ZI2-1 原材料明细表。

审计结论：

原材料明细表

所属会计事务所：信达会计师事务所　　　审核员：　　　　索引号：ZI2-1
被审计单位：北京科云家具制造有限公司
审查项目：原材料　　　　会计期间：2019年度　　　日期：2020.01.31

		被审计单位提供				审计人员填写					
序号	存货三级科目名称	期初余额	本期增加	本期减少	期末余额	T/F	查验索引	调整数		调整索引	审定金额
								借	贷		
001	屏风										
002	油漆										
003	软木材料										
合计	—					—	—			—	

审计说明：

原材料月发生额

所属会计师事务所：信达会计师事务所 审核员： 索引号：ZI2-2
被审计单位：北京科云家具制造有限公司
审查项目：原材料 会计期间：2019年度 日期：2020.01.31

月份	借方发生额合计			贷方发生额					期末余额
	购入	……	借方合计	生产成本领用	制造费用领用	结转材料销售成本	盘亏	贷方小计	
期初余额	—	—	—	—	—	—	—	—	
1									
2									
3									
4									
5									
6									
7									
8									
9									
10									
11									
12									
合计									

原材料发出计价测试—屏风

所属会计师事务所：信达会计师事务所　　审核员：　　　　　索引号：ZI2-3-10-1
被审计单位：北京科云家具制造有限公司
审查项目：原材料—屏风　　　　　　　会计期间：2019年度　　日期：2020.01.31

月份	计量单位	本期增加			本期发出			期末结存			本期应结转成本			成本结转差异
		数量	单价	金额	数量	单价	金额	数量	单价	金额	数量	单价	金额	
期初	个	—	—	—	—	—	—				—	—	—	—
1	个													
2	个													
3	个	—												
4	个	—	—	—				1000.00	10.00	10000.00				0.00
5	个							800.00	10.00	8000.00				0.00
6	个	—	—	—				500.00	10.00	5000.00				0.00
7	个	—	—	—	640.00	10.00	6400.00	3360.00	10.00	33600.00	640.00	10.00	6400.00	0.00
8	个	—	—	—	800.00	10.00	8000.00	2560.00	10.00	25600.00	800.00	10.00	8000.00	0.00
9	个	—	—	—	860.00	10.00	8600.00	1700.00	10.00	17000.00	860.00	10.00	8600.00	0.00
10	个				750.00	10.00	7500.00	950.00	10.00	9500.00	750.00	10.00	7500.00	
11	个				800.00	10.00	8000.00	150.00	10.00	1500.00	800.00	10.00	8000.00	
12	个	6000.00	10.00	60000.00	1000.00	10.00	10000.00	5150.00	10.00	51500.00	1000.00	10.00	10000.00	0.00
合计		—		—							—			

审计结论：

原材料计价分析汇总

所属会计师事务所:信达会计师事务所　　审核员:　　　　索引号:ZI2-3
被审计单位:北京科云家具制造有限公司
审查项目:原材料　　　　　　　　　　　会计期间:2019年度　　日期:2020.01.31

明细项目	品种	计量单位	期末数量	期末单价	期末余额	查验索引
原材料	屏风					
原材料	油漆					
原材料	软木材料					
合计	—	—	—	—		
—						
年末原材料余额合计	—	—	—	—		
计价测试金额	—	—	—	—		
测试比例	—	—	—	—		
查验结论:						

原材料采购计价

所属会计师事务所：信达会计师事务所　　审核员：　　　　　索引号：ZI2-4
被审计单位：北京科云家具制造有限公司
审查项目：原材料　　　　　　　　　　会计期间：2019年度　　日期：2020.01.31

购入成本计价测试：

日期	凭证编号	品名	外购成本构成							进口关税	运输费	装卸费	保险费	……	合计	成本构成是否完整	成本构成是否符合准则规定
			购买价款						与合同是否一致								
			合同编号	合同数量	合同不含税单价	合同不含税金额	实际数量	实际不含税单价	实际不含税金额									
2019-01-01	记001	屏风（个）															
2019-02-28	记027	软木材料（卷）															
2019-03-03	记002	软木材料（卷）															

提示：
1. 以实际成本计价时，将其单位成本与购货发票核对，并确认原材料成本中不包含增值税；
2. 以计划成本计价时，将其单位成本与材料成本差异明细账及购货发票核对，同时关注被审计单位计划成本制定的合理性；
3. 检查进口原材料的外币折算是否正确，检查相关的关税、增值税及消费税的会计处理是否正确。

审计结论：

原材料入库截止测试

所属会计师事务所:信达会计师事务所　　审核员:　　　　　　索引号:ZI2-6
被审计单位:北京科云家具制造有限公司
审查项目:原材料　　　　　　　　　会计期间:2019年度　　日期:2020.01.31

存货项目	入库单				采购发票			应属期间		账户记录				截止工作执行情况正常(√);需说明调整的用注(1)(2)表示
	入库单号	入库单日期	数量	金额(元)	发票号	发票日期	数量	不含税金额(元)	本期(√)	下期(√)	本期(√)		下期(√)	
											借	贷	借	贷	
软木材料															
屏风															

需说明调整的事项(包括调整分录)

注:1.在进行截止测试时,应考虑从明细账查至入库单的逆查和从入库单查至明细账的顺查,同时关注验收手续是否完整。
2.本表适用于材料采购/在途物资、原材料、在产品、库存商品等。
3.根据存货所有权转移的主要条款而定,可能是入库单、购货发票、运输单据或其他表明所有权转移的单据,应根据实际情况修订。
4.截止测试应当在截止日前后都取证。

原材料凭证测试

所属会计师事务所:信达会计师事务所　　审核员:　　索引号:ZI12-2-2
被审计单位:北京科云家具制造有限公司
审查项目:原材料　　会计期间:2019年度　　日期:2020.01.31

日期	凭证编号	业务内容	会计分录				附件	核对内容					审计结论
			科目名称	二级科目	借方金额	贷方金额		1	2	3	4	5	
2019-10-09													
2019-07-01													
2019-04-01													
2019-12-05													
2019-03-09													
2019-04-07													

核对内容说明:
1. 原始凭证内容完整。
2. 有授权批准。
3. 账务处理正确。
4. 账证的内容相符。
5. 账证的金额相符。

审计说明:

库存商品明细汇总表

所属会计师事务所：信达会计师事务所　　审核员：　　　　　　索引号：ZI4-5-10
被审计单位：北京科云家具制造有限公司
审查项目：库存商品　　　　　　　　会计期间：2019年度　　　日期：2020.01.31

序号	明细科目名称	期初余额	本期增加	本期减少	期末余额	T/F	查验索引	调整数 借	调整数 贷	调整索引	审定金额
1	库存产成品										
2	外购商品										
	合计										
	库存商品跌价准备										
	库存商品净额										—

项目	金额
生产成本转入库存产成品金额	
减：库存产成品本期增加数	
差异	
库存商品结转销售成本数	
减：库存产成品本期减少数	
差异	

审计说明：

库存商品凭证测试

所属会计师事务所:信达会计师事务所　　审核员:　　　　　　索引号:ZI12-2-3
被审计单位:北京科云家具制造有限公司
审查项目:存货—库存商品　　　　　　　会计期间:2019年度　　日期:2020.01.31

日期	凭证编号	业务内容	会计分录				附件	核对内容					审计结论
			科目名称	二级科目	借方金额	贷方金额		1	2	3	4	5	
2019-02-28													
2019-04-30													
2019-06-30													
2019-08-31													
2019-09-30													
2019-04-30													

核对内容说明:
1.原始凭证内容完整。
2.有授权批准。
3.账务处理正确。
4.账证的内容相符。
5.账证的金额相符。

审计说明:

存货监盘明细表

所属会计师事务所:信达会计师事务所　　　审核员:　　　　　索引号:ZI13-2
被审计单位:北京科云家具制造有限公司
审查项目:库存商品　　　　　　　　　　　会计期间:2019年度　　日期:2020.01.31

类别	编码	品名	单位	报表日账面余额			被审计单位盘点日至报表日变动					调整后盘点日余额		被审计单位盘点日至审计抽盘日变动					调整后抽盘日余额		被审计单位抽盘记录		抽盘记录		抽盘结果 差异	
							收入		发出					收入		发出										
				数量	单价	金额	数量	金额	数量	金额	数量	金额	数量	金额	数量	金额	数量	金额	数量	金额	数量	金额	数量	金额	数量	金额
库存商品	140501	办公桌	张																								
库存商品	140502	家用餐桌	张																								
库存商品	140503	家用实木桌椅	张																								
合计				—		—	—	—	—	—	—	—	—	—	—	—	—	—	—	—	—	—	—	—	—	—

监盘人:　　　　　　　　　　　　　　　　盘点人:

审计导引表

被审计单位:北京科云家具制造有限公司　　审核员:　　日期:2020.01.31
会计期间:2019年度　　　　　　　　　　　　复核员:　　日期:2020.01.31

项目	本期未审数	账项调整		本期审定数	上期末审定数	索引号
		借方	贷方			
报表数:						
周转材料						
明细数:						
其中:						
周转材料						
审计说明:	本期未审数、账项调整和审定数详见 ZI9-1 周转材料明细表。					
审计结论:						

周转材料明细表

所属会计师事务所:信达会计师事务所　　审核员:　　索引号:ZI9-1
被审计单位:北京科云家具制造有限公司
审查项目:周转材料　　　　　　　　　　会计期间:2019年度　　日期:2020.01.31

被审计单位提供						审计人员填写					
序号	存货三级科目名称	期初余额	本期增加	本期减少	期末余额	T/F	查验	调整数		索引号	审定金额
								借	贷		
1	包装箱										
2	714号螺丝										
3	工作服										

续表

	被审计单位提供					审计人员填写					
序号	存货三级科目名称	期初余额	本期增加	本期减少	期末余额	T/F	查验	调整数		索引号	审定金额
								借	贷		
	合计										
	周转材料跌价准备										
	周转材料净额										

审计说明:

周转材料凭证测试

所属会计师事务所:信达会计师事务所　　　审核员:　　　　　　　索引号:ZI12-2-4
被审计单位:北京科云家具制造有限公司
审查项目:存货—周转材料　　　　　　　会计期间:2019年度　　　日期:2020.01.31

日期	凭证编号	业务内容	会计分录				附件	索引号	核对内容					审计结论
			科目名称	二级科目	借方金额	贷方金额			1	2	3	4	5	
2019-06-11														

核对内容说明:
1.原始凭证内容完整。
2.有授权批准。
3.账务处理正确。
4.账证的内容相符。
5.账证的金额相符。

审计说明:

审计导引表

被审计单位：北京科云家具制造有限公司　　审核员：　　日期：2020.01.31
会计期间：2019年度　　　　　　　　　　　复核员：　　日期：2020.01.31

项目	本期未审数	账项调整 借方	账项调整 贷方	本期审定数	上期末审定数	索引号
报表数：						
生产成本						
明细数：						
其中：						
原材料						
审计说明：	具体请查阅其他审计表。					
审计结论：						

生产成本余额表

所属会计师事务所：信达会计师事务所　　审核员：　　　　　索引号：ZI10-2
被审计单位：北京科云家具制造有限公司
审查项目：生产成本　　　　　　　　　　会计期间：2019年度　　日期：2020.01.31

工序	产品名称	数量	期末余额构成（元） 材料费用	人工费用	制造费用	其他	合计	期末单位成本	本期完工单位成本
1	办公桌	—						—	—
2	家用餐桌	—						—	—
合计		—						—	—

生产成本发生额分析

所属会计师事务所：信达会计师事务所　　　审核员：　　　索引号：ZI10-3
被审计单位：北京科云家具制造有限公司
审查项目：生产成本　　　会计期间：2019年度　　　日期：2020.01.31

月份	本期增加				本期减少				期末数			
	直接材料	直接人工	制造费用	合计	直接材料	直接人工	制造费用	合计	直接材料	直接人工	制造费用	合计
期初数	—	—	—	—	—	—	—	—				
1												
2												
3												
4												
5												
6												
7												
8												
9												
10												
11												
12												
合计												
审计说明：												

产品月度成本比较—办公室

所属会计师事务所:信达会计师事务所　　审核员:　　　　　　索引号:ZI10-5-1
被审计单位:北京科云家具制造有限公司
审查项目:生产成本　　　　　　　会计期间:2019年度　　　日期:2020.01.31

月份	产量	直接材料			直接人工			制造费用			合计		
		金额	单位成本	波动比例（与平均成本比较）	金额	单位成本	波动比例（与平均成本比较）	金额	单位成本	波动比例（与平均成本比较）	金额	单位成本	波动比例（与平均成本比较）
1													
2													
3													
4													
5													
6													
7													
8													
9													
10													
11													
12													
合计				—			—			—			—

审计结论:

产品年度成本比较

所属会计师事务所：信达会计师事务所　　审核员：　　　　　　索引号：ZI10-4
被审计单位：北京科云家具制造有限公司
审查项目：生产成本　　　　　　　　　会计期间：2019年度　　　日期：2020.01.31

品名	本年单位成本				上年单位成本				波动比例				是否存在异常波动	进一步审验底稿索引
	直接材料	直接人工	制造费用	合计	直接材料	直接人工	制造费用	合计	直接材料	直接人工	制造费用	合计		
办公桌														
家用餐桌														

生产成本凭证测试

所属会计师事务所：信达会计师事务所　　审核员：　　　　　　索引号：ZI12-2-5
被审计单位：北京科云家具制造有限公司
审查项目：生产成本　　　　　　　　　会计期间：2019年度　　　日期：2020.01.31

日期	凭证编号	业务内容	会计分录				附件	索引号	核对内容					审计结论
			科目名称	二级科目	借方金额	贷方金额			1	2	3	4	5	
2019-01-11														
2019-03-09														
2019-06-07														
2019-02-28														
2019-04-30														

续表

日期	凭证编号	业务内容	会计分录				附件	索引号	核对内容					审计结论
			科目名称	二级科目	借方金额	贷方金额			1	2	3	4	5	
2019-01-31														

核对内容说明：
1.原始凭证内容完整。　　2.有授权批准。　　3.账务处理正确。
4.账证的内容相符。　　5.账证的金额相符。

审计说明：

审计导引表

被审计单位:北京科云家具制造有限公司　　审核员：　　日期:2020.01.31
会计期间:2019年度　　复核员：　　日期:2020.01.31

项目	本期未审数	账项调整		本期审定数	上期末审定数	索引号
		借方	贷方			
报表数：						
制造费用						
明细数：						
其中：						
制造费用						
审计说明：	具体请查阅其他审计表。					
审计结论：						

制造费用明细表

所属会计师事务所:信达会计师事务所　　　审核员:　　　　　索引号:ZI11-1
被审计单位:北京科云家具制造有限公司
审查项目:生产成本—制造费用　　　会计期间:2019年度　　　日期:2020.01.31

项目	1月	2月	3月	4月	5月	6月	7月	8月	9月	10月	11月	12月	合计
工资													
社会保险费													
住房公积金													
房租费													
水电费													
福利费													
折旧费													
无形资产摊销													
合计													

审计结论:

制造费用比较分析

所属会计师事务所:信达会计师事务所　　　审核员:　　　　　索引号:ZI11-2
被审计单位:北京科云家具制造有限公司
审查项目:生产成本—制造费用　　　会计期间:2019年度　　　日期:2020.01.31

项目	本期未审发生额	上年同期审定发生额	增减额	增减比例	异常波动分析或进一步审验索引
工资					
社会保险费					
住房公积金					
房租费					
水电费					
福利费				—	
折旧费				—	
无形资产摊销					
合计					

审计导引表

被审计单位:北京科云家具制造有限公司　　　审核员:　　　日期:2020.01.31
会计期间:2019年度　　　复核员:　　　日期:2020.01.31

项目	本期未审数	账项调整		本期审定数	上期末审定数	索引号
		借方	贷方			
报表数:						
存货						
明细数:						
其中:						
存货						
跌价准备						
审计说明:	存货的调整分录详见 ZI-0"存货"调整分录汇总。					
审计结论:						

"存货"调整分录汇总

所属会计师事务所:信达会计师事务所　　　审核员:　　　索引号:ZI-0
被审计单位:北京科云家具制造有限公司
审查项目:存货　　　会计期间:2019年度　　　日期:2020.01.31

上年发生额		
上年未审数	审计调整数	上年审定数
—		

期初数—调整事项:					
调整事项说明	会计分录		调整金额		底稿索引
	一级科目	二级科目	借方	贷方	
—	—	—	—	—	—

续表

本年发生额		
本期未审数	审计调整数	本期审定数

—

期末数—调整事项：

调整事项说明	会计分录		调整金额		底稿索引
	一级科目	二级科目	借方	贷方	

存货余额表汇总

所属会计师事务所：信达会计师事务所　　　　审核员：　　　　　　索引号：ZI-1
被审计单位：北京科云家具制造有限公司
审查项目：存货　　　　　　　　　　会计期间：2019年度　　　　日期：2020.01.31

序号	存货一级科目名称	被审计单位提供				审计人员填写				
		期初余额	本期增加	本期减少	期末余额	T/F	查验索引	调整数		调整索引	审定金额
								借	贷		
1	材料采购										
2	在途物资										
3	原材料										
4	材料成本差异										
5	库存商品										
6	发出商品										
7	商品进销差价										
8	委托加工物资										
9	周转材料										
10	生产成本										
11	开发产品										
12	开发成本										
13	工程施工										
14	工程结算										
15	机械作业										
16	农产品										
17	消耗性生物资产										
18	研发支出										
	合计										
	存货跌价准备										
	存货报表数										

审计结论：

存货核算方法

所属会计师事务所:信达会计师事务所	审核员:	索引号:ZI-3
被审计单位:北京科云家具制造有限公司		
审查项目:存货	会计期间:2019年度	日期:2020.01.31

一、存货的分类:在途物资、原材料、周转材料、库存商品、在产品、发出商品、委托加工物资、消耗性生物资产等。

二、存货购入的计价方法:	

三、存货发出的计价方法:

1.存货发出时的计价方法:

项目	先进先出法	加权平均法		个别认定法	备注
		月末一次加权平均	移动加权平均法		
原材料					
库存商品					
在产品-自制半成品					
委托加工物资					
发出商品					
消耗性生物资产					

2.周转材料的摊销方法:

低值易耗品采用的摊销方法:	
包装物采用的摊销方法:	
模板模具采用的摊销方法:	
其他周转材料采用的摊销方法:	
3.本年采用的存货分类与计价方法是否一致	

续表

四、存货的盘存制度:	
五、存货跌价准备的计提方法:	
期末对存货进行全面清查后,按存货的成本与可变现净值孰低提取或调整存货跌价准备。	

产成品、商品和用于出售的材料等直接用于出售的商品存货,在正常生产经营过程中,以该存货的估计售价减去估计的销售费用和相关税费后的金额,确定其可变现净值;需要经过加工的材料存货,在正常生产经营过程中,以所生产的产成品的估计售价减去至完工时估计将要发生的成本、估计的销售费用和相关税费后的金额,确定其可变现净值;为执行销售合同或者劳务合同而持有的存货,其可变现净值以合同价格为基础计算,若持有存货的数量多于销售合同订购数量的,超出部分的存货可变现净值以一般销售价格为基础计算。

期末按照单个存货项目计提存货跌价准备;但对于数量繁多、单价较低的存货,按照存货类别计提存货跌价准备;与在同一地区生产和销售的产品系列相关、具有相同或类似最终用途或目的,且难以与其他项目分开计量的存货,则合并计提存货跌价准备。以前减记存货价值的影响因素已经消失的,减记的金额予以恢复,并在原已计提的存货跌价准备金额内转回,转回的金额计入当期损益。

存货分析(一)

所属会计师事务所:信达会计师事务所 审核员: 索引号:ZI-14
被审计单位:北京科云家具制造有限公司
审查项目:存货 会计期间:2019 年度 日期:2020.01.31

一、存货周转率分析:

项目	2019 年度	2018 年度	—	—	—	—
期初存货						
期末存货						
主营业务成本						
期末存货余额占成本比重						
存货周转率						
平均周转天数(天)						
分析:						

续表

二、存货构成分析：

存货项目	2019-12-31		2018-12-31		—	—
	未审金额	结构比	未审金额	结构比	—	—
材料采购						
在途物资						
原材料						
材料成本差异						
库存商品						
发出商品						
商品进销差价						
委托加工物资						
周转材料						
生产成本						
开发产品						
……						
合计						
分析：						

三、各月存货余额分析：

月份	期初存货余额	本期增加	本期减少	期末存货余额	余额增减金额	余额增减比例
1						
2						
3						
4						
5						
6						
7						
8						
9						
10						
11						
12						
合计					—	—
分析：						

存货分析(二)

所属会计师事务所：信达会计师事务所　　　审核员：　　　　　索引号：ZI-15
被审计单位：北京科云家具制造有限公司
审查项目：存货　　　　　　　　　　　会计期间：2019年度　　日期：2020.01.31

四、存货借方发生额与应交税金——进项税额发生额、应付和预付账款贷方发生额核对：

本期存货外购金额	本期发生额	数据来源	适用进项税率	框算可抵扣进项税	框算应付货款
1.原材料购入金额					
2.库存商品购入金额					
3.周转材料购入金额					
4.制造费用—本期水费发生额					
5.制造费用—本期电费发生额					
6.制造费用—本期房租费发生额					
7.减：期末暂估入账存货					
小计	—	—	—		
本期应交税金—进项税发生额合计					—
减：购置固定资产的进项税额（见索引 ZO-40）					—
本期外购存货可计进项税额与实际进项税发生额差异					—
进项税差异率					—
本期应付账款贷方发生额					
本期预付账款—预付采购款贷方发生额					
本期外购存货框算应付货款与实际应付账款、预付账款—预付采购款贷方发生额差异					
应付账款差异率					
审计结论：					

成本倒轧表

所属会计师事务所:信达会计师事务所　　审核员:　　　　索引号:ZI-6
被审计单位:北京科云家具制造有限公司
审查项目:存货　　　　　　　　　会计期间:2019 年度　　日期:2020.01.31

项目	未审数	审计调整	审定金额	查验索引
原材料期初余额				
加:本期购进				
减:原材料期末余额				
制造费用领用				
结转其他业务支出				
盘亏原材料				
……				
……				
等于:生产成本—直接材料成本				
加:直接人工成本				
制造费用				
劳务成本				
……				
等于:生产成本本期发生额小计				
加:生产成本期初余额				
减:生产成本期末余额				
加:自制半成品期初余额				
减:自制半成品期末余额				
等于:产成品增加额				
加:产成品期初余额				
减:产成品期末余额				
加:外购商品增加额				
加:外购商品期初余额				

续表

项目	未审数	审计调整	审定金额	查验索引
减:外购商品期末余额				
加:产品盘盈				
减:外购产品用于集体福利				
……				
应结转产品销售成本				
报表列示产品销售成本				
核对				
差异分析：				
审计结论：				

审计导引表

被审计单位:北京科云家具制造有限公司　　审核员：　　日期:2020.01.31
会计期间:2019年度　　　　　　　　　　　　复核员：　　日期:2020.01.31

| 项目 | 本期未审数 | 账项调整 | | 本期审定数 | 上期末审定数 | 索引号 |
		借方	贷方			
报表数：						
主营业务成本						
明细数：						
其中：						
主营业务成本						
审计说明：	主营业务成本调整分录详见 SB1-0"主营业务成本"调整分录汇总。					
审计结论：						

"主营业务成本"调整分录汇总

所属会计师事务所:信达会计师事务所   审核员: 索引号:SB1-0
被审计单位:北京科云家具制造有限公司
审查项目:主营业务成本   会计期间:2019年度   日期:2020.01.31

上年发生额		
上年未审数	审计调整数	上年审定数
	—	

期初数—调整事项:					
调整事项说明	会计分录		调整金额		底稿索引
	一级科目	二级科目	借方	贷方	
—	—	—	—	—	—

本年发生额		
本期未审数	审计调整数	本期审定数
	—	

期末数—调整事项:					
调整事项说明	会计分录		调整金额		底稿索引
	一级科目	二级科目	借方	贷方	

主营业务成本明细表

所属会计师事务所:信达会计师事务所　　审核员：　　　　　　索引号:SB1-1
被审计单位:北京科云家具制造有限公司
审查项目:主营业务成本　　　　　　　　会计期间:2019年度　　日期:2020.01.31

月份	主营业务成本明细项目				
	商品销售成本	不可免抵进项税	—	—	合计
1					
2					
3					
4					
5					
6					
7					
8					
9					
10					
11					
12					
合计					

加:其他业务成本合计

等于:报表列示的"营业成本"

审计结论：

主营业务成本与收入匹配检查表

所属会计师事务所:信达会计师事务所　　审核员:　　索引号:SB1-4
被审计单位:北京科云家具制造有限公司
审查项目:主营业务成本　　会计期间:2019年度　　日期:2020.01.31

产品名称	产品规格	出库计价方法	发出数量	未审数 总成本	审定数 总成本	核对内容 1	核对内容 2	核对内容 3	差额	差额处理意见
办公桌										
家用餐桌										

核对内容说明:1.出库数量与销售数量是否匹配;2.计价/计算方法是否正确;3.计价/计算方法前后期是否正确……

审计说明:

审计导引表

被审计单位:北京科云家具制造有限公司　　审核员:　　日期:2020.01.31
会计期间:2019年度　　复核员:　　日期:2020.01.31

项目	本期未审数	账项调整 借方	账项调整 贷方	本期审定数	上期末审定数	索引号
报表数:						
其他业务成本						
明细数:						
其中:						
其他业务成本						

审计说明:其他业务成本调整分录详见SB2-0"其他业务成本"调整分录汇总。
审计结论:

"其他业务成本"调整分录汇总

所属会计师事务所:信达会计师事务所　　审核员:　　　　索引号:SB2-0
被审计单位:北京科云家具制造有限公司
审查项目:其他业务成本　　　　　　　　会计期间:2019年度　　日期:2020.01.31

上年发生额		
上年未审数	审计调整数	上年审定数

—

期初数—调整事项：

调整事项说明	会计分录		调整金额		底稿索引
	一级科目	二级科目	借方	贷方	
—	—	—	—	—	—

本年发生额		
本期未审数	审计调整数	本期审定数

—

期末数—调整事项：

调整事项说明	会计分录		调整金额		底稿索引
	一级科目	二级科目	借方	贷方	

其他业务成本明细表

所属会计师事务所：信达会计师事务所 　　审核员： 　　索引号：SB2-1
被审计单位：北京科云家具制造有限公司
审查项目：其他业务成本 　　会计期间：2019年度 　　日期：2020.01.31

月份	被审计单位提供未审额					审计调整		审定额				
	销售材料的成本	出租固定资产的折旧额	出租无形资产的摊销额	出租包装物的成本或摊销额	合计	借	贷	销售材料的成本	出租固定资产的折旧额	出租无形资产的摊销额	出租包装物的成本或摊销额	合计
1												
2												
3												
4												
5												
6												
7												
8												
9												
10												
11												
12												
合计												

审计结论：

综合实训七

了解内部控制实际情况—资金运营

所属会计师事务所:信达会计师事务所	审核员:	索引号:D3-1-1
被审计单位:北京科云家具制造有限公司		
审查项目:	会计期间:2019年度	日期:2019.11.15

一、控制目标

①保持生产经营各环节资金供求的动态平衡；
②促进资金合理循环和周转,提高资金使用效率；
③促进企业正常组织资金活动,防范和控制资金风险,保证资金安全,提高资金使用效益。

二、关注的主要风险

①资金调度不合理、营运不畅,可能导致企业陷入财务困难或资金冗余；
②资金活动管控不严,可能导致资金被挪用、侵占、抽逃或遭受欺诈。

三、主要控制流程

我们采用询问、观察和检查等程序,了解货币资金主要控制流程,记录流程如下:

支付申请—填写支付申请单(根据有效经济合同/发票)—支付审批—支付审核—会计记录—办理支付—银行存款日记账/现金日记账

四、主要控制

1.岗位职责

涉及的部门或关键管理人员	主要职责
业务部门	根据真实发生的业务,经部门负责人签字后,向财务部门办理收款或付款
财务部经理	审核业务部门相关人员的收款或付款相关原始单据

续表

涉及的部门或关键管理人员	主要职责
会计人员	根据财务部经理的审批,进行相应的会计记录
出纳	根据会计人员编制的记账凭证,在经业务部门相关人员签字后,办理款项收付

公司不相容岗位设置情况为:①负责核对银行对账单和调节银行存款账面余额的职员不能同时负责现金收付或编制收付款凭证以及记录银行存款、现金、应收账款、应付账款;②货币资金的收付及保管只用由经授权的出纳负责,其他职员不得接触未经支付的货币资金;③货币资金支出的审批职能应与现金收付、支票保管和记账职能分离;④现金日记账和总账应由不同职员登记;⑤出纳不能登记应收账款和应付账款明细账;⑥现金收入账的记账人员不能同时负责应收款项的记录,现金支付账的记账员不能同时负责应付款项的记录;⑦办理货币资金业务的人员实行定期轮岗制度。

2.授权批准制度

①所有银行存款户的开设和终止均需要经过正式的批准,有时需要董事会的批准;
②审批人应当根据货币资金授权批准制度的规定,在授权范围内进行审批,不得超越审批权限;
③经办人在职责范围内,按照审批人的批准意见办理货币资金业务,对审批人超越授权范围审批的货币资金业务,有权拒绝办理;
④严禁未经授权的机构或人员办理货币资金业务或直接接触现金。

3.信息系统管理

①定期更新和维护会计信息系统,确保数据准确;
②访问安全制度、规定操作权限及信息使用等确保数据安全保密,防止对数据非法修改删除;
③软件修改、升级和硬件更换等需要规定审批流程;
④数据源的管理制度,确保原始数据从录入到生成数据正确;
⑤指定专人负责信息化会计档案管理,定期检查,防止由于介质破坏而丢失会计档案。

五、了解结论

内部控制设计及执行情况的评价结果—资金运营

所属会计师事务所:信达会计师事务所　　　　审核员:　　　　　　索引号:D3-1-2
被审计单位:北京科云家具制造有限公司
审查项目:　　　　　　　　　　　　　会计期间:2019年度　　　日期:2019.11.15

1、了解内部控制的过程及程序

序号	主要业务活动	控制目标	受影响的报表项目及其认定	关键控制活动	被审计单位的控制活动	是否有相关内部控制制度(是/否)	内部控制设计是否合理(是/否)	上年已测试且本年没变化(是/否)	是否最终测试该控制活动运行的有效性(是/否)
1	审批	控制资金的流入和流出	货币资金:存在、计价与分摊	单位有关部门或个人用款时,应当提前向审批人提交现金支付申请,并在资金支付申请表上填写用款用途、金额、时间等事项					
2	复核	减少错误和舞弊	货币资金:完整性	财务部内部复核人员每月定期对所有收支凭证进行内部复核,主要审核凭证上的主管、审核、出纳和制单等印章是否齐全					
3	收付记账控制	防止会计信息失真	货币资金:存在、完整性	出纳人员按照审核后的原始凭证收付款,并对已完成收付的凭证加盖戳记,并及时登记日记账;会计人员根据相关凭证登记有关明细分类账;主管会计登记总分类账;主管会计人员定期与出纳人员的日记账核对					

续表

序号	主要业务活动	控制目标	受影响的报表项目及其认定	关键控制活动	被审计单位的控制活动	是否有相关内部控制制度（是/否）	内部控制设计是否合理（是/否）	上年已测试且本年没变化（是/否）	是否最终测试该控制活动运行的有效性（是/否）
4	收付记账控制	防止舞弊	货币资金：存在	对于不属于现金开支范围内的现金支付,通过银行进行付款					
5	收付记账控制	防止舞弊	货币资金：完整性	出纳人员对于收取的现金及时送存银行					
6	收付记账控制	防止会计信息失真	货币资金：存在、完整性、计价与分摊	指定专人每月核对银行账户,编制银行存款余额调节表,确定银行存款账面余额与银行对账单余额调节相符					
7	银行账户管理	防范小金库、加强业务管控	货币资金：存在	银行账户的开立、使用和撤销必须经管理层相关人员的授权批准					
8	票据和印章保管	保证资金安全	货币资金：存在、完整性、计价与分摊	严禁将办理资金支付业务的相关印章和票据集中一人保管,印章与空白票据分管,财务专用章要与企业法人章分管					

资金运营控制测试结论说明

说明:项目经理根据审计员了解的被审计单位资金运营相关的内部控制实际情况和评价被审计单位资金运营的内部控制设计……

结论:

审计导引表

被审计单位:北京科云家具制造有限公司　　审核员:　　日期:2020.01.31
会计期间:2019年度　　　　　　　　　　　复核员:　　日期:2020.01.31

项目	本期未审数	账项调整		本期审定数	上期末审定数	索引号
		借方	贷方			
报表数:						
库存现金						
明细数:						
其中:						
库存现金						
审计说明:	库存现金的调整分录详见 ZA1-0"库存现金"调整分录汇总。					
审计结论:						

"库存现金"调整分录汇总

所属会计师事务所:信达会计师事务所　　　审核员:　　　　　　索引号:ZA1-0
被审计单位:北京科云家具制造有限公司
审查项目:库存现金　　　　　　会计期间:2019年度　　　　日期:2020.01.31

期初余额		
上年未审数	审计调整数	上年审定数
	—	

期初数—调整事项:					
调整事项说明	会计分录		调整金额		底稿索引
	一级科目	二级科目	借方	贷方	
—	—	—	—	—	—

期末余额		
本期未审数	审计调整数	本期审定数
	—	

期末数—调整事项:					
调整事项说明	会计分录		调整金额		底稿索引
	一级科目	二级科目	借方	贷方	

"库存现金"明细余额表

所属会计师事务所:信达会计师事务所 审核员: 索引号:ZA1-1
被审计单位:北京科云家具制造有限公司 复核员:
审查项目:库存现金 会计期间:2019年度 日期:2020.01.31

币种	被审计单位提供			T/F	审计人员填写						
	日记账余额				查验索引	调整数		调整索引	审定数		
	原币金额	汇率	本位币金额			借	贷		原币金额	汇率	本位币金额
RMB											
美元											
欧元											
日元											
港币											
合计	—	—	—	—	—			—	—	—	—

审计说明:

库存现金盘点核对表

会计师事务所:信达会计师事务所　　　盘点日期:2020 年 01 月 31 日　　　索引号:ZA1-2

检查核对记录					实有库存现金盘点记录						
项目	行次	人民币	美元	欧元	面额	人民币		美元		欧元	
						数量	金额	数量	金额	数量	金额
上一日账面库存余额	1										
盘点日未记账传票收入金额	2				1000						
盘点日未记账付款付出金额	3				500						
盘点日账面应有金额	4=1+2−3				100						
盘点实有库存现金数额	5				50						
盘点日应有与实际金额差异	6=4−5				20						
差异原因分析					10						
					5						
					2						
					1						
					0.5						
					0.2						
					0.1						
					0.05						
					0.02						
					0.01						
					合计						

续表

追溯至报表日结存额	报表日至盘点日库存现金付出总额（＋）	7			情况说明及审计意见：
	报表日至盘点日库存现金收入总额（一）	8			
	报表日库存现金应有余额	9＝4＋7－8			
	报表日账面汇率				
	报表日余额折合本位币金额				
本位币合计					

盘点人（出纳）：   主管会计：   监盘人：   复核员：

"库存现金"发生额分析查验

所属会计师事务所：信达会计师事务所   审核员：   索引号：ZA1-10
被审计单位：北京科云家具制造有限公司   复核员：
审查项目：库存现金   会计期间：2019年度   日期：2020.01.31

币种	期初余额		本期增加	本期减少	期末余额		备注	期间业务发生笔数		发生额大额标准		抽查月份	确定发生额大额标准及抽查期间的理由	大额凭证查验索引
	原币	人民币			原币	人民币		借方	贷方	借方	贷方			
RMB														
美元														
欧元														
日元														
港币														
合计	—				—									
审计提示	主审注册会计师根据初步结果，结合对公司的总体风险判断和各明细账户业务性质等综合情况，确定最终的大额标准和抽查月份，并说明理由。（抽查月份可以选取期间的全部月份或某几个月份。）													

大额库存现金收支凭证查验

所属会计师事务所:信达会计师事务所　　审核员:　　　　　索引号:ZA1-20
被审计单位:北京科云家具制造有限公司　　复核员:
审查项目:库存现金　　　　　　　　　　　会计期间:2019年度　　日期:2020.01.31

币种:		发生额大额标准		借方:			贷方:						

| 编号 | 日期 | 凭证编号 | 业务内容 | 科目名称 | | 借方金额 | 贷方金额 | 附件 | 索引号 | 核对内容 | | | | | 审计结论 |
				一级科目	二级科目					1	2	3	4	5	
1	2019-08-01														
2	2019-08-02														
3	2019-10-31														
4															
5															
6															
7															

审计结论:

核对内容说明:
1.原始凭证内容完整。
2.有授权批准。
……

库存现金截止性测试

所属会计师事务所：信达会计师事务所　　审核员：　　　　索引号：ZA1-30
被审计单位：北京科云家具制造有限公司　　复核员：
审查项目：库存现金　　　　　　　　　　　会计期间：2019年度　　日期：2020.01.31

日期	凭证编号	业务内容	会计分录			业务应归属期限	是否跨期
			对方科目名称	二级明细	金额		
2019-12-31							
2019-12-31							
2019-12-31							
2020-01-04							
2020-01-13							

审计结论：

审计导引表

被审计单位：北京科云家具制造有限公司　　审核员：　　　　日期：2020.01.31
会计期间：2019年度　　　　　　　　　　　复核员：　　　　日期：2020.01.31

项目	本期未审数	账项调整		本期审定数	上期末审定数	索引号
		借方	贷方			
报表数：						
银行存款						
明细数：						
其中：						
银行存款						

审计说明：银行存款的调整分录详见 ZA2-0"银行存款"调整分录汇总。
审计结论：

"银行存款"调整分录汇总

所属会计师事务所:信达会计师事务所　　审核员:　　　　索引号:ZA2-0
被审计单位:北京科云家具制造有限公司
审查项目:银行存款　　　　　　　　　　会计期间:2019年度　　日期:2020.01.31

期初余额		
上年未审数	审计调整数	上年审定数
	—	

期初数—调整事项:					
调整事项说明	会计分录		调整金额		底稿索引
	一级科目	二级科目	借方	贷方	
—	—	—	—	—	—

期末余额		
本期未审数	审计调整数	本期审定数
	—	

期末数—调整事项:					
调整事项说明	会计分录		调整金额		底稿索引
	一级科目	二级科目	借方	贷方	

银行存款明细余额表

所属会计师事务所：信达会计师事务所　　　审核员：　　　　　　　索引号：ZA2-1
被审计单位：北京科云家具制造有限公司　　　复核员：
审查项目：银行存款　　　　　　　　　　　　会计期间：2019年度　　日期：2020.01.31

被审计单位提供							审计人员填写										上年函证情况	
开户银行	银行账号	账户性质	主要用途	账户状态	币种	日记账余额		T/F	查验	调整数		审计后余额		对账单索引号	调节表索引号	销户证明索引号	函证索引号	上年是否函证	回函是否确认无误
						原币金额	汇率	本位币金额			借	贷	原币金额	汇率	本位币金额					
中国工商银行北京分行																			—	—
中国建设银行北京中关村分行																			—	—
中国银行北京丰盛支行																			—	—
合计	—	—				—					—	—	—		—	—	—	—	—	—
审计说明：																				

银行存款发生额分析

所属会计师事务所:信达会计师事务所　　审核员：　　索引号:ZA2-10
被审计单位:北京科云家具制造有限公司　　复核员：
审查项目:银行存款　　会计期间:2019年度　　日期:2020.01.31

开户银行	银行账号	币种	期初余额		本期增加	本期减少	期末余额		期间业务发生笔数		初步发生额大额标准		确定的大额标准		抽查月份	确定发生额大额标准及抽查期间的理由	大额凭证查验索引
			原币	本位币			原币	本位币	借方	贷方	借方	贷方	借方	贷方			
中国工商银行北京分行																	
中国建设银行北京中关村分行																	
中国银行北京丰盛支行																	
合计	—		—	—	—	—	—	—	—	—	—	—	—	—			

审计提示：主审注册会计师根据初步结果，结合对公司的总体风险判断和各明细账户业务性质等综合情况，确定最终的大额标准和抽查月份，并说明理由。(抽查月份可以选取期间的全部月份或某几个月份。)

银行存款收支凭证查验

所属会计师事务所：信达会计师事务所　　审核员：　　索引号：ZA2-20
被审计单位：北京科云家具制造有限公司　　复核员：
审查项目：银行存款　　会计期间：2019年度　　日期：2020.01.31

开户银行：		账号：			发生额大额标准：		借方：			贷方：		

审计提示：凭证检查应将会计分录填写完整（包括所有借方科目、贷方科目、金额等）。

编号	从日记账出发（√）	从对账单出发（√）	会计账簿记录							审核原始凭证									审核对账单记录			审计意见
			记账日期	凭证号	摘要	会计分录			附件	索引号	收、付款凭证号	相应收、付款单位名称	是否与对应科目账户名一致（√）	其他核对内容					业务发生日期	金额	摘要（或往来单位名称）	
						一级科目	二级科目	借方金额	贷方金额						1	2	3	4	5				
1			2019-03-01																	2019-03-01			
2			2019-09-26																	2019-09-26			
3			2019-05-31																	2019-05-31			

续表

编号	从日记账出发(√)	从对账单出发(√)	会计账簿记录						审核原始凭证				其他核对内容					审核对账单记录		审计意见
			记账日期	凭证号	摘要	会计分录			附件	索引号	收、付款凭证号	相应收、付款单位名称	是否与对应科目账户名一致(√)						业务发生日期	金额	摘要(或往来单位名称)
						一级科目	二级科目	借方金额	贷方金额						1	2	3	4	5			
4			2019-11-22																	2019-11-22		
5			2019-12-01																	2019-12-01		
6			2019-01-12																	2019-01-12		
7			2019-10-09																	2019-10-09		
...																						

审计结论：

核对内容说明：
1.原始凭证内容完整。　　2.有授权批准。
3.账务处理正确。　　　　4.账证的内容相符。
5.账证的金额相符。

银行存款截止性测试

所属会计师事务所：信达会计师事务所　　审核员：　　索引号：ZA2-30
被审计单位：北京科云家具制造有限公司　　复核员：
审查项目：银行存款　　会计期间：2019年度　　日期：2020.01.31

日期	凭证编号	业务内容	会计分录			银行业务是否跨期	对应费用是否跨期
			对方科目名称	二级明细	金额		
2019-12-31		郑智平报销差旅费					
—	—	—					
2019-12-31		许建辉报销差旅费					
—	—	—					
2019-12-31		曹酷菲报销差旅费					
—	—	—					
2020-01-02		采购材料					
—	—	—					
2020-01-07		收到前欠货款					
2020-01-09		销售家用餐桌					
—	—	—					

审计结论：

索引号:ZA2-6-1

银行询证函

致：_____   编号：bh001

  本公司聘请的信达会计师事务所(特殊普通合伙)正在对本公司_____年度财务报表进行审计，按照中国注册会计师审计准则的要求，应当询证本公司与贵行相关的信息。下列信息出自本公司记录，如与贵行记录相符，请在本函下端"信息证明无误"处签章证明；如有不符，请在"信息不符"处列明不符项目及具体内容。如存在与本公司有关的未列入本函的其他重要信息，也请在"信息不符"处列出其详细资料。回函请直接寄至信达会计师事务所(特殊普通合伙)_____分所业务_____部_____注册会计师。

(如本次询证函为多页次，请加盖骑缝章)

地址：北京市海淀区西四环中路 16 号
邮政编码：100000   电话：(010) 63391166   传真：(010)63392558

  截至____年__月__日，本公司与贵行相关的信息列示如下：

1. 银行存款

账户名称	银行账号	币种	利率	余额	起止日期 (活期/定期/保证金)	是否被质押、用于担保或存在其他使用限制	备注

除上述列示的银行存款外，本公司并无在贵行的其他存款。
注："起止日期"一栏仅适用于定期存款，如为活期或保证金存款，可只填写"活期"或"保证金"字样。

2. 银行借款

借款人名称	币种	本金余额	借款日期	到期日期	利率	借款条件	抵(质)押品/担保人	备注

除上述列示的银行借款外，本公司并无自贵行的其他借款。
注：此项仅函证截至资产负债表日本公司尚未归还的借款。

3. 应付利息

	本公司记录金额	贵行记录金额
短期借款利息		
长期借款利息		

4. 其他重大事项

注：此项应填列注册会计师认为重大且应予函证的其他事项，如信托存款等；如无，则应填写"不适用"。

（公司盖章）

___ 年 __ 月 __ 日

经办人：

以下仅供被函证银行使用

（如本次询证函为多页次，请加盖骑缝章）

1. 信息证明无误	2. 信息不符，请列明不符项目及具体内容（对于在本函前述第 1 项至第 3 项中漏列的其他重要信息，请列出金额及其详细资料）。
（银行盖章） _____ 年 ____ 月 ____ 日 经办人：	（银行盖章） _____ 年 ____ 月 ____ 日 经办人：

银行存款函证结果汇总表

所属会计师事务所：信达会计师事务所　　　审核员：　　　　　索引号：ZA2-6-10
被审计单位：北京科云家具制造有限公司
审查项目：银行存款　　　　　　　　　　　会计期间：2019年度　　日期：2020.01.31

开户银行	银行账号	币种	函证（原币）情况							备注
			账面余额	对账单余额	发函金额	函证编号	回函确认金额	提取限制或最低余额要求	抵押质押等事项说明	
中国工商银行北京分行										
中国建设银行北京中关村分行										
中国银行北京丰盛支行										
合计			—		—		—	—	—	
审计结论：										

审计导引表

被审计单位：北京科云家具制造有限公司　　　审核员：　　　　　日期：2020.01.31
会计期间：2019年度　　　　　　　　　　　复核员：　　　　　日期：2020.01.31

项目	本期未审数	账项调整		本期审定数	上期末审定数	索引号
		借方	贷方			
报表数：						
其他货币资金						
明细数：						
其中：						
其他货币资金						

续表

项目	本期未审数	账项调整		本期审定数	上期末审定数	索引号
		借方	贷方			

审计说明：其他货币资金的调整分录详见 ZA3-0"其他货币资金"调整分录汇总。

审计结论：

"其他货币资金"调整分录汇总

所属会计师事务所：信达会计师事务所　　审核员：　　索引号：ZA3-0

被审计单位：北京科云家具制造有限公司

审查项目：其他货币资金　　会计期间：2019年度　　日期：2020.01.31

期初余额		
上年未审数	审计调整数	上年审定数
	—	

期初数—调整事项：					
调整事项说明	会计分录		调整金额		底稿索引
	一级科目	二级科目	借方	贷方	
—					

期末余额		
本期未审数	审计调整数	本期审定数

期末数—调整事项：					
调整事项说明	会计分录		调整金额		底稿索引
	一级科目	二级科目	借方	贷方	

其他货币资金明细余额表

所属会计师事务所：信达会计师事务所　　　审核员：　　　　　　索引号：ZA3-1
被审计单位：北京科云家具制造有限公司
审查项目：其他货币资金　　　　　会计期间：2019年度　　　日期：2020.01.31

款项性质	被审计单位提供										审计人员填写					
	开户机构	账号	主要用途	账户状态（正常/冻结/质押等）	币种	日记账余额			对账单余额	日记账与对账单差异	T/F	查验索引	调整数		调整索引	审计后余额		
						原币金额	汇率	本位币金额					借	贷		原币金额	汇率	本位币金额
外埠存款																		
银行承兑汇票																		
银行汇票																		
银行本票																		
公司信用卡																		
信用证开证保证金																		
存出投资款																		
合计	—							—				—				—		

审计说明：

其他货币资金发生额分析

所属会计师事务所：信达会计师事务所　　审核员：　　　　　　索引号：ZA3-10
被审计单位：北京科云家具制造有限公司
审查项目：其他货币资金　　　　　　会计期间：2019年度　　日期：2020.01.31

开户机构	账号	币种	期初余额		本期增加	本期减少	期末余额		备注	期间业务发生笔数		发生额大额标准		抽查月份	确定发生额大额标准及抽查期间的理由	大额凭证查验索引
			原币	人民币			原币	人民币		借方	贷方	借方	贷方			
中国工商银行北京分行																
合计	—	—	—				—			—	—	—	—		—	—

审计提示：主审注册会计师根据初步结果，结合对公司的总体风险判断和各明细账户业务性质等综合情况，确定最终的大额标准和抽查月份，并说明理由。（抽查月份可以选取期间的全部月份或某几个月份。）

大额其他货币资金收支凭证查验

所属会计师事务所:信达会计师事务所　　审核员:　　　　索引号:ZA3-20
被审计单位:北京科云家具制造有限公司
审查项目:其他货币资金　　　　会计期间:2019年度　　日期:2020.01.31

开户机构:		账号:			币种:人民币	发生额大额标准:	借方:				贷方:		

编号	会计账簿记录						审核原始凭证					审核对账单记录		审计意见
	从日记账出发(√)	从对账单出发(√)	记账日期	凭证号	摘要	会计分录			附件	收、付款凭证号	相应收、付款单位名称	是否与对应科目账户名一致(√)	其他核对内容	业务发生日期	金额	摘要
						一级科目	二级科目	借方金额	贷方金额					1 2 2 4 5			
1			2019-01-06							—		—			2019-01-06		
												—					

合计:　　　　—　　—　　—　　—　　—　　　　　　　　—　　　　—

审计结论:

核对内容说明:
1.原始凭证内容完整。　　2.有授权批准。
3.账务处理正确。　　　　4.账证的内容相符。
5.账证的金额相符。

综合实训八

了解内部控制实际情况—筹资

所属会计师事务所:信达会计师事务所　　审核员:　　　　索引号:D8-1-1
被审计单位:北京科云家具制造有限公司
审查项目:　　　　　　　　　　　　　　会计期间:2019年度　　日期:2019.11.15

一、控制目标

促进企业正常组织资金活动,防范和控制资金风险,保证资金安全,提高资金使用效益。

二、关注的主要风险

筹资决策不当,引发资本结构不合理或无效融资,可能导致企业筹资成本过高或债务危机。

三、主要控制流程

我们采用询问、观察和检查等程序,了解筹资业务主要控制流程,记录流程如下:

宏观经济形势—筹资项目—拟定筹资方案—筹资计划编制与审批—筹资计划执行—支付利息或股利—筹资活动评价与责任追究

四、主要控制

1. 岗位职责

涉及的部门或关键管理人员	主要职责
财务部	负责资金活动的日常管理,参与融资方案等可行性研究
分管会计工作的负责人	参与融资决策过程

公司不相容岗位设置情况为:筹资方案制订与审批。

2. 授权批准制度

①对筹资方案进行严格审批,重点关注筹资用途的可行性和相应的偿债能力;
②由于市场环境变化等需改变资金用途的,必须履行相应的审批。

3.信息系统管理

①定期更新和维护会计信息系统,确保数据准确;
②访问安全制度、规定操作权限及信息使用等确保数据安全保密、防止对数据非法修改删除;
③软件修改、升级和硬件更换等需要规定审批流程;
④数据源的管理制度,确保原始数据从录入到生成数据正确;
⑤指定专人负责信息化会计档案管理,定期检查,防止由于介质破坏而丢失会计档案。

五、了解结论

内部控制设计及执行情况的评价结果—筹资

所属会计师事务所:信达会计师事务所　　　　审核员:　　　　　索引号:D8-1-2
被审计单位:北京科云家具制造有限公司
审查项目:　　　　　　　　　　　　　　　　会计期间:2019年度　　日期:2019.11.15

了解内部控制的过程及程序										
序号	主要业务活动	控制目标	受影响的报表项目及其认定	关键控制活动	被审计单位的控制活动	是否有相关内部控制制度(是/否)	内部控制设计是否合理(是/否)	上年已测试且本年没变化(是/否)	是否最终测试该控制活动运行的有效性(是/否)
1	筹资方案审批	只有经过合理授权的筹资方案方能被通过	短期借款、长期借款、应付债券、实收资本、资本公积、存在	对筹资方案进行严格审批,其中:重大筹资方案必须……					

续表

序号	主要业务活动	控制目标	受影响的报表项目及其认定	关键控制活动	被审计单位的控制活动	是否有相关内部控制制度（是/否）	内部控制设计是否合理（是/否）	上年已测试且本年没变化（是/否）	是否最终测试该控制活动运行的有效性（是/否）
2	筹资方案实施	记录的筹资交易均系真实发生的交易且归……	短期借款、长期借款、应付债券、实收资本、资本公积：存在、完整性	编制较为详细的筹资计划，并经财务部门批准					
3	会计系统控制	确保筹资活动符合筹资方案的要求	应付利息：存在、计价与分摊、权利和义务	根据合同约定的条款计算应付利息，并与债权人核对无误……					
4	会计系统控制	筹资交易均已记录	短期借款、长期借款、应付债券、实收资本、资本公积：完整性	妥善保管筹资合同或协议、收款凭证等原始资料					
5	会计系统控制	筹资交易均已记录	短期借款、长期借款、应付债券、实收资本、资本公积：完整性	定期与资金提供方进行账务核对					

筹资控制测试结论说明

说明:项目经理根据审计员了解的被审计单位筹资相关的内部控制实际情况和评价被审计单位筹资的内部控制设计是否合理……

结论:

审计导引表

被审计单位:北京科云家具制造有限公司　　审核员:　　　　日期:2020.01.31
会计期间:2019年度　　　　　　　　　　　复核员:　　　　日期:2020.01.31

项目	本期未审数	账项调整		本期审定数	上期末审定数	索引号
		借方	贷方			
报表数:						
无形资产						
明细数:						
其中:						
无形资产						
无形资产摊销						
无形资产减值准备						
审计说明:	无形资产的调整分录见 ZU-0"无形资产"调整分录汇总。					
审计结论:						

"无形资产"调整分录汇总

所属会计师事务所:信达会计师事务所　　审核员:　　　　　　索引号:ZU-0
被审计单位:北京科云家具制造有限公司　　复核员:
审查项目:无形资产　　　　　　　　　　　会计期间:2019年度　　日期:2020.01.31

期初余额		
上年未审数	审计调整数	上年审定数
	—	

期初数—调整事项:					
调整事项说明	会计分录		调整金额		底稿索引
	一级科目	二级科目	借方	贷方	
—	—	—	—	—	—

期末余额		
本期未审数	审计调整数	本期审定数
	—	

期末数—调整事项:					
调整事项说明	会计分录		调整金额		底稿索引
	一级科目	二级科目	借方	贷方	

无形资产余额明细表

所属会计师事务所:信达会计师事务所　　　审核员：　　　　索引号:ZU-1
被审计单位:北京科云家具制造有限公司　　复核员：
审查项目:无形资产　　　　　　　　　　　会计期间:2019年度　　日期:2020.01.31

	项目		画图软件	合计
被审计单位填写	原值	期初原价		
		本期增加		
		本期减少		
		期末原价		
	累计摊销	期初数		
		本期摊销		
		本期减少		
		期末数		
	减值准备	期初数		
		本期增加		
		本期减少		
		期末数		
	账面价值	期初数		
		本期增加		
		本期减少		
		期末数		
审计调整	原值	借		
		贷		
		调整索引		
	累计摊销	借		
		贷		
		调整索引		
	减值准备	借		
		贷		
		调整索引		

续表

项目			画图软件	合计
审定数	原值	期初原价		
		本期增加		
		本期减少		
		期末原价		
	累计摊销	期初数		
		本期摊销		
		本期减少		
		期末数		
	减值准备	期初数		
		本期增加		
		本期减少		
		期末数		
	账面价值	期初数		
		本期增加		
		本期减少		
		期末数		

审计说明：

无形资产累计摊销计算表

所属会计师事务所：信达会计师事务所　　审核员：　　索引号：ZU-15
被审计单位：北京科云家具制造有限公司
审查项目：无形资产　　会计期间：2019年度　　日期：2020.01.31

无形资产名称	发生日期	无形资产原价	预计净残值	摊销期限(月)	减值准备累计金额	应摊销金额	累计摊销期初余额	本期账面摊销额	累计摊销期末余额	剩余摊销年限(月)	备注
画图软件											

审计结论：

无形资产产权查验记录

所属会计师事务所:信达会计师事务所	审核员:		索引号:ZU-30
被审计单位:北京科云家具制造有限公司	复核员:		
审查项目:无形资产	会计期间:2019年度		日期:2020.01.31

一、获得公司相关权证,复印并加盖公司公章(已和原件核对一致)

—

二、权证核对表

无形资产名称	权证类型	权证编号	权利人名称	登记日期	权证登记号	账面原值	账面净值	权证复印件索引
画图软件								
			合计					

—

三、审计结论

抵押情况描述

抵押无形资产名称	抵押物简况描述	数量	权证编号	账面原值	账面净值	抵押性质		
合计								

审计导引表

被审计单位:北京科云家具制造有限公司　　审核员:　　　　　日期:2020.01.31
会计期间:2019年度　　　　　　　　　　　复核员:　　　　　日期:2020.01.31

项目	本期未审数	账项调整		本期审定数	上期末审定数	索引号
		借方	贷方			
报表数:						
递延所得税资产						
明细数:						
其中:						
递延所得税资产						
审计说明:	递延所得税资产的调整分录见 ZY-0"递延所得税资产"调整分录汇总。					
审计结论:						

"递延所得税资产"调整分录汇总

所属会计师事务所:信达会计师事务所　　审核员:　　　　　索引号:ZY-0
被审计单位:北京科云家具制造有限公司　　复核员:
审查项目:递延所得税资产　　　　　　　　会计期间:2019年度　　日期:2020.01.31

期初余额		
上年未审数	审计调整数	上年审定数
	—	

期初数—调整事项:

调整事项说明	会计分录		调整金额		底稿索引
	一级科目	二级科目	借方	贷方	
—	—	—	—	—	—

续表

期末余额		
本期未审数	审计调整数	本期审定数
	—	

期末数—调整事项：

调整事项说明	会计分录		调整金额		底稿索引
	一级科目	二级科目	借方	贷方	

递延所得税资产（负债）明细表

所属会计师事务所：信达会计师事务所　　　审核员：　　　索引号：ZY-2

被审计单位：北京科云家具制造有限公司

审查项目：递延所得税资产　　　会计期间：2019 年度　　　日期：2020.01.31

项目			递延所得税资产	递延所得税负债	索引号	备注
审前金额	年初余额	计入所得税费用				
		计入资本公积				
		小计				
	本期变动净额	计入所得税费用				
		计入资本公积				
		小计				
	期末余额	计入所得税费用				
		计入资本公积				
		小计				
审计调整+（-）		计入所得税费用				
		计入资本公积				
		小计				
审定金额		计入所得税费用				
		计入资本公积				
		小计				

审计导引表

被审计单位:北京科云家具制造有限公司　　审核员:　　　　日期:2020.01.31
会计期间:2019年度　　　　　　　　　　　复核员:　　　　日期:2020.01.31

项目	本期未审数	账项调整		本期审定数	上期末审定数	索引号
		借方	贷方			
报表数:						
短期借款						
明细数:						
其中:						
短期借款						
审计说明:	短期借款的调整分录见FA-0"短期借款"调整分录汇总。					
审计结论:						

"短期借款"调整分录汇总

所属会计师事务所:信达会计师事务所　　审核员:　　　　索引号:FA-0
被审计单位:北京科云家具制造有限公司
审查项目:短期借款　　　　　　　　　　会计期间:2019年度　　日期:2020.01.31

期初余额		
上年未审数	审计调整数	上年审定数
—		

期初数—调整事项:

调整事项说明	会计分录		调整金额		底稿索引
	一级科目	二级科目	借方	贷方	
—					

续表

期末余额		
本期未审数	审计调整数	本期审定数
	—	

期末数—调整事项：

调整事项说明	会计分录		调整金额		底稿索引
	一级科目	二级科目	借方	贷方	

短期借款余额明细表

所属会计师事务所：信达会计师事务所　　审核员：　　索引号：FA-1
被审计单位：北京科云家具制造有限公司　　复核员：
审查项目：短期借款　　会计期间：2019年度　　日期：2020.01.31

贷款单位	期初余额	本年增加	本年减少	期末余额			汇率查验记录		审计调整	审定数		币种	借款条件	年利率	合同借款开始日期	合同还款日期	实际归还日期	借款合同编号	银行函证索引号
				原币金额	汇率	本位币金额	期末汇率	调整金额		原币金额	本位币金额								
中国工商银行北京分行																			
合计				—		—				—								—	—

短、长期借款利息检查情况表

所属会计师事务所：信达会计师事务所　　　审核员：　　　索引号：FA-2
被审计单位：北京科云家具制造有限公司　　　复核员：
审查项目：短、长期借款　　　会计期间：2019年度　　　日期：2020.01.31

贷款单位	贷款额	年利率	计息方式	计息期数	账面计提	应计利息	是否还款
短期借款合计	—	—	—	—	—	—	—
长期借款合计	—	—	—	—	—	—	—
短、长期借款应计利息合计	—	—	—	—	—	—	—

全年	账面利息	差异	—	—	—	—	—
利息计入财务费用			—	—	—	—	—
利息计入在建工程			—	—	—	—	—
利息计入开发成本			—	—	—	—	—
合计							

审计结论：

"短期借款"凭证查验记录

所属会计师事务所:信达会计师事务所　　审核员:　　　　索引号:FA-10
被审计单位:北京科云家具制造有限公司
审查项目:短期借款　　　　　　会计期间:2019 年度　　日期:2020.01.31

"短期借款—中国工商银行":

期初数	本期增加	本期减少	期末数	—	—
	—	—			

1.本期增加凭证查验:

日期	凭证编号	业务内容	会计分录				附件	核对内容					审计结论
			科目名称	二级科目	借方	贷方		1	2	3	4	5	
2019-12-01													

2.本期减少凭证查验:

日期	凭证编号	业务内容	会计分录				附件	核对内容					审计结论
			科目名称	二级科目	借方	贷方		1	2	3	4	5	
2019-12-01													

3.审计结论:

核对内容说明:
1.原始凭证内容完整。
2.有授权批准。
3.账务处理正确。
4.具备借款合同。
5.还款手续完备。

短期借款函证结果汇总表

所属会计师事务所：信达会计师事务所　　审核员：　　索引号：FA-25
被审计单位：北京科云家具制造有限公司
审查项目：短期借款　　会计期间：2019年度　　日期：2020.01.31

债务种类	债权单位	币种	函证（原币）情况									差异原因
			发函金额（原币）	期末汇率	审定金额（本位币）	函证编号	回函确认金额（原币）	回函确认金额（本位币）	函证索引号	回函差异金额（原币）	回函差异金额（本位币）	
	中国工商银行北京分行											
合计			—	—	—		—	—		—	—	—

审计结论：

审计导引表

被审计单位：北京科云家具制造有限公司　　审核员：　　日期：2020.01.31
会计期间：2019年度　　复核员：　　日期：2020.01.31

项目	本期未审数	账项调整		本期审定数	上期末审定数	索引号
		借方	贷方			
报表数：						
应付职工薪酬						
明细数：						
其中：						
应付职工薪酬						

审计说明：应付职工薪酬的调整分录见FF-0"应付职工薪酬"调整分录汇总。

审计结论：

"应付职工薪酬"调整分录汇总

所属会计师事务所:信达会计师事务所   审核员: 索引号:FF-0
被审计单位:北京科云家具制造有限公司
审查项目:应付职工薪酬   会计期间:2019 年度   日期:2020.01.31

期初余额		
上年未审数	审计调整数	上年审定数
	—	

期初数—调整事项:					
调整事项说明	会计分录		调整金额		底稿索引
	一级科目	二级科目	借方	贷方	
—	—	—	—	—	—

期末余额		
本期未审数	审计调整数	本期审定数
	—	

期末数—调整事项:					
调整事项说明	会计分录		调整金额		底稿索引
	一级科目	二级科目	借方	贷方	

应付职工薪酬审定明细表

所属会计师事务所：信达会计师事务所　　审核员：　　　　索引号：FF-1
被审计单位：北京科云家具制造有限公司　　复核员：
审查项目：应付职工薪酬　　　　　　　　会计期间：2019年度　　日期：2020.01.31

项目	期初数			查验索引	期末数		
	未审数	审计调整	审定数		未审数	审计调整	审定数
一、工资、奖金、津贴和补贴							
二、职工福利费							
三、社会保险费							
四、住房公积金							
五、工会经费							
六、职工教育经费							
七、非货币性福利							
八、辞退福利							
九、职工奖励及福利基金（外资）							
十、以现金结算的股份支付							
十一、其他							
合计							

审计结论：

应付职工薪酬增减变动明细表

所属会计师事务所：信达会计师事务所　　审核员：　　　　　索引号：FF-1-10
被审计单位：北京科云家具制造有限公司　　复核员：
审查项目：应付职工薪酬　　　　　　　会计期间：2019年度　　日期：2020.01.31

项目	审前金额				查验索引	审计调整		调整索引	审定金额
	期初数	本期增加	本期支付	期末数		借	贷		
一、工资、奖金、津贴和补贴									
二、职工福利费									
三、社会保险费									
四、住房公积金									
五、工会经费									
六、职工教育经费									
七、非货币性福利									
八、辞退福利									
九、职工奖励及福利基金（外资）									
十、以现金结算的股份支付									
十一、其他									
合计									

审计结论：

应付职工薪酬分配审验表

所属会计师事务所：信达会计师事务所　　审核员：　　　　　索引号：FF-12
被审计单位：北京科云家具制造有限公司　　复核员：
审查项目：应付职工薪酬　　　　　　　　　会计期间：2019年度　　日期：2020.01.31

部门	工资汇总表、费用分配表、附加计提表情况				应计成本费用科目	实计成本费用科目	入账科目是否正确	实计金额	金额差异
	工资	社会保险费	住房公积金	合计					
总经办									
行政部									
财务部									
市场部									
采购部									
仓库									
生产车间									
生产车间—办公桌									
生产车间—家用餐桌									
合计					—	—	—		

审计结论：

应付职工薪酬计提数与成本费用核对

所属会计师事务所:信达会计师事务所　　审核员：　　索引号:FF-30
被审计单位:北京科云家具制造有限公司　　复核员：
审查项目:应付职工薪酬　　会计期间:2019年度　　日期:2020.01.31

项目	本期实际计提数	相关成本费用发生额										合计	差异	差异原因	差异审验底稿索引	结论
		生产成本		制造费用		管理费用		销售费用		其他…						
		金额	索引	金额	索引	金额	索引	金额	索引	金额	索引					
一、工资、奖金、津贴和补贴																
二、职工福利费																
三、社会保险费																
四、住房公积金																
五、工会经费																
六、职工教育经费																
七、非货币性福利																
八、辞退福利																
九、职工奖励及福利基金(外资)																
十、以现金结算的股份支付																
十一、其他																

审计结论：

应付职工薪酬支付检查记录

所属会计师事务所：信达会计师事务所　　审核员：　　　　　　索引号：FF-80
被审计单位：北京科云家具制造有限公司　　复核员：
审查项目：应付职工薪酬　　　　　　　　　会计期间：2019年度　　日期：2020.01.31

1.凭证测试：

日期	凭证编号	业务内容	会计分录				附件索引	核对内容					审计结论
			科目名称	二级科目	借方	贷方		1	2	3	4	5	
2019-04-15													
2019-03-15													
2019-05-15													

核对内容说明：
1.加原始凭证内容完整。　　　　2.加有授权批准。
3.加账务处理正确。　　　　　　4.加账证的内容相符。
5.加账证的金额相符。

2.审计结论：

审计导引表

被审计单位:北京科云家具制造有限公司　　审核员:　　日期:2020.01.31
会计期间:2019 年度　　　　　　　　　　　复核员:　　日期:2020.01.31

项目	本期未审数	账项调整		本期审定数	上期末审定数	索引号
		借方	贷方			
报表数:						
应交税费						
明细数:						
其中:						
应交税费						
审计说明:	应交税费的调整分录见 FG-0"应交税费"调整分录汇总。					
审计结论:						

"应交税费"调整分录汇总

所属会计师事务所:信达会计师事务所　　审核员:　　索引号:FG-0
被审计单位:北京科云家具制造有限公司　　复核员:
审查项目:应交税费　　　　　　　　　　会计期间:2019 年度　　日期:2020.01.31

期初余额		
上年未审数	审计调整数	上年审定数
	—	

期初数——调整事项:					
调整事项说明	会计分录		调整金额		底稿索引
	一级科目	二级科目	借方	贷方	
—					

续表

期末余额		
本期未审数	审计调整数	本期审定数
	—	

期末数—调整事项：

调整事项说明	会计分录		调整金额		底稿索引
	一级科目	二级科目	借方	贷方	

应交税费余额明细表

所属会计师事务所：信达会计师事务所　　审核员：　　　　　　索引号：FG-1
被审计单位：北京科云家具制造有限公司
审查项目：应交税费　　　　　　会计期间：2019年度　　　　日期：2020.01.31

税种	被审计单位提供					T/F	查验索引	审计调整数		调整索引	期末审定金额	税收优惠说明及文件索引
	法定税率	期初未交数	本期应交数	本期已交数	期末未交数			借	贷			
增值税												
消费税												
营业税												
企业所得税												

续表

税种	被审计单位提供					审计人员填写						税收优惠说明及文件索引
	法定税率	期初未交数	本期应交数	本期已交数	期末未交数	T/F	查验索引	审计调整数		调整索引	期末审定金额	
								借	贷			
资源税												
土地增值税												
城建税												
教育费附加												
地方教育附加												
个人所得税												
堤防费												
河道管理费												
水利基金												
房产税												
车船使用税												
土地使用税												
矿产资源补偿费												
印花税												
合计	—											

审计说明：

应交税费期初数认定表

所属会计师事务所：信达会计师事务所　　审核员：　　索引号：FG-10
被审计单位：北京科云家具制造有限公司
审查项目：应交税费　　会计期间：2019年度　　日期：2020.01.31

税种	适用税率	期初未交数（账面）	税务机构期初认定数	差异	差异原因	税务机构认定相关文件依据说明
增值税						
消费税						
营业税						
企业所得税						
资源税						
土地增值税						
城建税						
教育费附加						
地方教育附加						
个人所得税						
堤防费						
河道管理费						
水利基金						
房产税						
车船使用税						
土地使用税						
矿产资源补偿费						
合计	—			—	—	

应交税费期末数合理性分析

所属会计师事务所:信达会计师事务所　　审核员:　　　　索引号:FG-10-100
被审计单位:北京科云家具制造有限公司
审查项目:应交税费　　　　　　　　　　会计期间:2019年度　　日期:2020.01.31

税种	法定税率	适用税率	期末未交数（账面）	纳税申报表或税务机构认定金额	差异	差异原因	税务机构认定相关文件依据说明	期后缴纳金额	差异	原因
增值税										
消费税										
营业税										
企业所得税										
资源税										
土地增值税										
城建税										
教育费附加										
地方教育附加										
个人所得税										
堤防费										
河道管理费										
水利基金										
房产税										
车船使用税										
土地使用税										
矿产资源补偿费										
合计	—	—			—				—	—

应交增值税余额明细表

所属会计师事务所:信达会计师事务所　　审核员:　　　　索引号:FG-20
被审计单位:北京科云家具制造有限公司　　复核员:
审查项目:应交税费　　　　　　　　　　会计期间:2019年度　　日期:2020.01.31

被审计单位提供		审计人员填写								
项目	本年累计数	T/F	查验索引	申报表金额	差异	差异原因	调整数借	调整数贷	调整索引	审定金额
1.期初未交数（多交或未抵扣数用"—"号填列）										
2.销项税额										
出口退税										
进项税额转出										
转出多交增值税										
3.进项税额（可抵扣金额）										
已交税金										
减免税款										
出口抵减内销产品应纳税额										
转出未交增值税										
4.期末未交数（多交或未抵扣数用"—"号填列）										
有无税收优惠										

审计说明:

本期进项税分析

所属会计师事务所：信达会计师事务所 审核员： 索引号：FG-21
被审计单位：北京科云家具制造有限公司
审查项目：应交税费 会计期间：2019年度 日期：2020.01.31

项目	账面进项税金额	购进货物及接受劳务发生额	税率	应计进项税	差异	—
一、发生总额						
1.账面记载的发生总额	—	—	—	—	—	
2.经申请认证可抵扣的发生总额	—	—	—	—	—	
3.已记入本科目但按照规定不可抵扣金额	—	—	—	—	—	
二、可抵扣进项税组成情况						
1.与应税产品相关的金额						
(1)原料、辅助材料与外购商品(13%)						
(2)原料、辅助材料与外购商品(0%)						
(2)煤炭电力等能源采购						
(3)水费采购						
2.与固定资产、在建工程购建相关的可抵扣金额						
(1)固定资产购建(非房屋建筑物附属设备及配套设施)						
(2)在建工程购入材料与设备						
3.其他						
4.可抵进项税额总计						

续表

本期进项税转出金额分析						
项目	账面金额	应税项目发生额	税率	应转出进项税率	差额	原因分析
进项税转出总额						
1.非应税产品领用						
2.非正常损失的购进货物与相关应税劳务						
3.非正常损失的在产品、产成品所耗用的购进货物或应税劳务						
4.纳税人自用消费品						
5.上述1～4项的运输费用						
6.符合财税〔2009〕13号文规定不予抵扣建筑物及附属设备和配套设施的进项税						
7.出口产品不予抵扣的进项税						
8.其他						

增值税销项税金、消费税、房产税金及附加税计提计税检查表(1)

所属会计师事务所：信达会计师事务所　　审核员：　　　　　　索引号：FG-30-100
被审计单位：北京科云家具制造有限公司　　复核员：
审查项目：应交税费　　　　　　　　　　　会计期间：2019年度　　日期：2020.01.31

税(费)名称	计税(费)依据	计税(费)基数	基数核对索引	扣除率	税(费)率	应计税(费)	实际计提	差异	计入损益表项目及金额							差异	差异原因
									税金及附加	管理费用	营业外支出	销售费用	在建工程	财务费用	合计		
增值税销项税金	其他业务收入—材料出售			—	13%												
	主营业务收入			—	13%												
	主营业务收入			—	9%												
	主营业务收入				0%(包括免税和不征税)												

续表

税(费)名称	计税(费)依据	计税(费)基数	基数核对索引	扣除率	税(费)率	应计税(费)	实际计提	差异	计入损益表项目及金额							差异原因
									税金及附加	管理费用	营业外支出	销售费用	在建工程	财务费用	合计	差异	
增值税销项税金	其他业务收入—旧固定资产				4%的一半												
	其他业务收入—新固定资产				13%												
	其他业务收入—其他																
	其他业务收入																
	收取的价外费用																
	视同销售行为																
	变卖固定资产收入				13%												
	合计			—													
应交消费税	计税项目			—													
	合计			—													
应交城建税	应交增值税			—	7%												
应交教育费附加	应交增值税			—	3%												
应交地方教育附加	应交增值税			—	2%												
房产税	租金收入			—													
	自用房屋建筑物原值																
应交土地增值税	主营业务收入—商品房销售			—													

审计说明：

增值税销项税金、消费税、房产税金及附加税计提计税检查表(2)

所属会计师事务所:信达会计师事务所　　审核员:　　　　索引号:FG-30-200
被审计单位:北京科云家具制造有限公司　　复核员:
审查项目:应交税费　　　　　　　　　　　会计期间:2019年度　　日期:2020.01.31

税(费)名称	计税(费)依据	计税(费)基数	基数核对索引	扣除率	税(费)率	应计税(费)	实际计提	差异	计入对方项目及金额							差异原因
									税金及附加	管理费用	营业外支出	销售费用	在建工程	财务费用	合计	差异	
应交资源税	销售矿产品数量			—													
	自用矿产品数量			—													
应交土地使用税	土地使用面积			—													
应交水资源税(费)	主营业务收入			—													
	产量																
应交印花税	采购合同金额																
	销售合同金额																
	加工承揽合同金额																
	建筑设计合同金额																
	建筑安装合同金额																

续表

税（费）名称	计税（费）依据	计税（费）基数	基数核对索引	扣除率	税（费）率	应计税（费）	实际计提	差异	计入对方项目及金额							差异	差异原因
									税金及附加	管理费用	营业外支出	销售费用	在建工程	财务费用	合计		
应交印花税	财产租赁合同金额																
	财产保险合同金额																
	借款合同金额																
	技术合同金额																
	货物运输合同金额																
	仓储保管合同金额																
	产权转移书据金额																
	其他营业账簿																
矿产资源补偿费																	
车船税																	

审计说明：

应交税金已交税金抽查表

所属会计师事务所：信达会计师事务所　　审核员：　　索引号：FG-60
被审计单位：北京科云家具制造有限公司
审查项目：应交税费　　会计期间：2019年度　　日期：2020.01.31

税项	凭证编号	业务内容	对方一级科目名称	金额	缴款单金额	说明
增值税	1月记013					
	9月记010					
	6月记013					
所得税	1月记017					
	12月记016					
	8月记012					

审计导引表

被审计单位：北京科云家具制造有限公司　　审核员：　　日期：2020.01.31
会计期间：2019年度　　复核员：　　日期：2020.01.31

| 项目 | 本期未审数 | 账项调整 | | 本期审定数 | 上期末审定数 | 索引号 |
		借方	贷方			
报表数：						
应付利息						
明细数：						
其中：						
应付利息						
审计说明：	应付利息的调整分录见FH-0"应付利息"调整分录汇总。					
审计结论：						

"应付利息"调整分录汇总

所属会计师事务所:信达会计师事务所　　审核员:　　　　　索引号:FH-0
被审计单位:北京科云家具制造有限公司　　复核员:
审查项目:应付利息　　　　　　　　　　　会计期间:2019年度　　日期:2020.01.31

期初余额		
上年未审数	审计调整数	上年审定数

期初数—调整事项:

调整事项说明	会计分录		调整金额		底稿索引
	一级科目	二级科目	借方	贷方	
—	—	—	—	—	

期末余额		
本期未审数	审计调整数	本期审定数

—

期末数—调整事项:

调整事项说明	会计分录		调整金额		底稿索引
	一级科目	二级科目	借方	贷方	

应付利息分类明细表

所属会计师事务所:信达会计师事务所 审核员: 索引号:FH-1
被审计单位:北京科云家具制造有限公司 复核员:
审查项目:应付利息 会计期间:2019年度 日期:2020.01.31

债务种类	期初数	本期增加	本期减少	期末余额(未审数)	审计调整数	审定数	索引	备注
长期借款								
应付债券								
交易性金融负债								
短期借款								
合计								

审计说明:

应付利息增减变动明细表

所属会计师事务所:信达会计师事务所 审核员: 索引号:FH-2
被审计单位:北京科云家具制造有限公司
审查项目:应付利息 会计期间:2019年度 日期:2020.01.31

债务种类	查验索引	债权单位	币种	期初数			本期增加	本期减少	期末余额(未审数)			审计调整数	审定数			备注
				原币金额	汇率	本位币金额			原币金额	汇率	本位币金额		原币金额	汇率	本位币金额	
长期借款																
应付债券																
交易性金融负债																
短期借款																
合计	—	—	—	—		—			—		—		—		—	

审计说明:

应付利息凭证查验记录

所属会计师事务所：信达会计师事务所　　　　审核员：　　　　　　索引号：FH-20

被审计单位：北京科云家具制造有限公司

审查项目：应付利息　　　　　　　　　会计期间：2019年度　　　　日期：2020.01.31

期初数	本期增加	本期减少	期末数
		—	

1. 本期增加凭证查验：

日期	凭证编号	业务内容	科目名称	二级科目	金额 借方	金额 贷方	附件	索引号	核对内容 1	核对内容 2	核对内容 3	核对内容 4	核对内容 5	审计结论
2019-08-31														
2019-01-31														
2019-12-31														

2. 本期减少凭证查验：

日期	凭证编号	业务内容	科目名称	二级科目	金额 借方	金额 贷方	附件	索引号	核对内容 1	核对内容 2	核对内容 3	核对内容 4	核对内容 5	审计结论
2019-05-31														
2019-11-30														

续表

核对内容说明：
1.原始凭证内容完整。　　2.有授权批准。
3.账务处理正确。　　　　4.账证的内容相符。
5.账证的金额相符。

审计结论：

审计导引表

被审计单位：北京科云家具制造有限公司　　审核员：　　日期：2020.01.31
会计期间：2019年度　　　　　　　　　　　　复核员：　　日期：2020.01.31

项目	本期未审数	账项调整		本期审定数	上期末审定数	索引号
		借方	贷方			
报表数：						
实收资本（或股本）						
明细数：						
其中：						
实收资本						

审计说明：实收资本的调整分录见QA-0"股本/实收资本"调整分录汇总。

审计结论：

"股本/实收资本"调整分录汇总

所属会计师事务所:信达会计师事务所　　审核员：　　索引号:QA-0
被审计单位:北京科云家具制造有限公司
审查项目:股本/实收资本　　会计期间:2019年度　　日期:2020.01.31

期初余额		
上年未审数	审计调整数	上年审定数
	—	

期初数—调整事项:					
调整事项说明	会计分录		调整金额		底稿索引
	一级科目	二级科目	借方	贷方	
		—			

期末余额		
本期未审数	审计调整数	本期审定数
	—	

期末数—调整事项:					
调整事项说明	会计分录		调整金额		底稿索引
	一级科目	二级科目	借方	贷方	

股本/实收资本余额明细表

所属会计师事务所：信达会计师事务所　　　审核员：　　　　　　索引号：QA-1
被审计单位：北京科云家具制造有限公司
审查项目：股本/实收资本　　　　　　　　会计期间：2019年度　　日期：2020.01.31

股权类别或投资者名称	被审计单位提供						审计人员填写						
	期初金额	比例	本期增加	本期减少	期末余额	比例	T/F查验索引	调整数		调整索引	审定金额		比例
								借	贷		期初	期末	
许建辉													
郑智平													
合计													

审计说明：

审计导引表

被审计单位：北京科云家具制造有限公司　　　审核员：　　　　　　日期：2020.01.31
会计期间：2019年度　　　　　　　　　　　　复核员：　　　　　　日期：2020.01.31

项目	本期未审数	账项调整		本期审定数	上期末审定数	索引号
		借方	贷方			
报表数：						
盈余公积						

续表

项目	本期未审数	账项调整		本期审定数	上期末审定数	索引号
		借方	贷方			
明细数:						
其中:						
盈余公积						
审计说明:	盈余公积的调整分录见 QC-0"盈余公积"调整分录汇总。					
审计结论:						

"盈余公积"调整分录汇总

所属会计师事务所:信达会计师事务所　　　审核员:　　　　索引号:QC-0

被审计单位:北京科云家具制造有限公司

审查项目:盈余公积　　　　　　　　　　　会计期间:2019年度　　日期:2020.01.31

期初余额		
上年未审数	审计调整数	上年审定数
	—	

期初数—调整事项:					
调整事项说明	会计分录		调整金额		底稿索引
	一级科目	二级科目	借方	贷方	
—	—	—			

期末余额		
本期未审数	审计调整数	本期审定数
	—	

续表

期末数—调整事项：

调整事项说明	会计分录		调整金额		底稿索引
	一级科目	二级科目	借方	贷方	

盈余公积余额明细表

所属会计师事务所：信达会计师事务所　　审核员：　　　　　　索引号：QC-1
被审计单位：北京科云家具制造有限公司
审查项目：盈余公积　　　　　　　　会计期间：2019年度　　日期：2020.01.31

明细项目内容	被审计单位提供								审计人员填写						
	期初余额	调整金额	调整后期初数	本期增加额		本期减少额			期末余额	T/F	查验索引	调整数		调整索引	审定金额	
				利润提取	其他	弥补亏损	分配股利	其他				借	贷		期初	期末
法定盈余公积																
任意盈余公积																
企业发展基金																
储备基金																
合计																
审计说明																

盈余公积计提复核底稿

所属会计师事务所：信达会计师事务所　　审核员：　　索引号：QC-20
被审计单位：北京科云家具制造有限公司
审查项目：盈余公积　　会计期间：2019年度　　日期：2020.01.31

委托单位提供		审计人员填写				
项目内容	未审金额	查验	调整数		调整索引	审定金额
			借	贷		
一、本期净利润：						
减：弥补亏损						
二、弥补亏损后盈余公积计提基数						
计提比例（法定＋任意）						
三、本期应提取盈余公积						

审计导引表

被审计单位：北京科云家具制造有限公司　　审核员：　　日期：2020.01.31
会计期间：2019年度　　复核员：　　日期：2020.01.31

项目	本期未审数	账项调整		本期审定数	上期末审定数	索引号
		借方	贷方			
报表数：						
未分配利润						
明细数：						
其中：						
未分配利润						

审计说明：未分配利润的调整分录见 QD-0"未分配利润"调整分录汇总。

审计结论：

"未分配利润"调整分录汇总

所属会计事务所：信达会计师事务所　　审核员：　　　　　索引号：QD-0

被审计单位：北京科云家具制造有限公司

审查项目：未分配利润　　　　　　　　会计期间：2019年度　　日期：2020.01.31

期初余额		
上年未审数	审计调整数	上年审定数
—		

期初数—调整事项：					
调整事项说明	会计分录		调整金额		底稿索引
	一级科目	二级科目	借方	贷方	
—	—	—	—	—	—

期末余额		
本期未审数	审计调整数	本期审定数
—		

期末数—调整事项：					
调整事项说明	会计分录		调整金额		底稿索引
	一级科目	二级科目	借方	贷方	

利润分配增减变动及余额明细表

所属会计师事务所：信达会计师事务所　　审核员：　　索引号：QD-1
被审计单位：北京科云家具制造有限公司
审查项目：利润分配　　会计期间：2019年度　　日期：2020.01.31

被审计单位提供			审计人员填写				
项目	金额	T/F	查验索引	调整数		调整索引	审定金额
				借	贷		
一、上年年末余额							
加：会计政策变更和前期会计差错更正							
盈余公积上年期末数							
二、可供分配利润							
三、本年净利润							
四、利润分配							
提取法定盈余公积							
提取职工奖励及福利基金							
提取储备基金							
提取企业发展基金							
提取任意盈余公积							
分给其他单位利润							
应付现金股利或利润							
转作股本的股利							
其他							
五、所有者权益内部结转							
盈余公积弥补亏损							
其他							
六、年末未分配利润							
审计说明：							

审计导引表

被审计单位:北京科云家具制造有限公司　　审核员:　　日期:2020.01.31
会计期间:2019年度　　复核员:　　日期:2020.01.31

项目	本期未审数	账项调整 借方	账项调整 贷方	本期审定数	上期末审定数	索引号
报表数:						
税金及附加						
明细数:						
其中:						
税金及附加						
审计说明:	税金及附加的调整分录见 SC-0 "税金及附加"调整分录汇总。					
审计结论:						

"税金及附加"调整分录汇总

所属会计师事务所:信达会计师事务所　　审核员:　　索引号:SC-0
被审计单位:北京科云家具制造有限公司
审查项目:税金及附加　　会计期间:2019年度　　日期:2020.01.31

期初余额		
上年未审数	审计调整数	上年审定数
—		

期初数—调整事项:

调整事项说明	会计分录 一级科目	会计分录 二级科目	调整金额 借方	调整金额 贷方	底稿索引
—	—	—	—	—	—

续表

期末余额		
本期未审数	审计调整数	本期审定数

期末数—调整事项:

调整事项说明	会计分录		调整金额		底稿索引
	一级科目	二级科目	借方	贷方	

税金及附加明细表

所属会计师事务所：信达会计师事务所　　审核员：　　　　　索引号：SC-1
被审计单位：北京科云家具制造有限公司　　复核员：
审查项目：税金及附加　　　　　　　　　　会计期间：2019年度　　日期：2020.01.31

税费种类	被审计单位提供													审计人员填写				
	计缴标准	1月	2月	3月	4月	5月	6月	7月	8月	9月	10月	11月	12月	本期合计	T/F	查验索引	调整数		调整索引	本期审定金额
																	借	贷		
营业税																				
消费税																				
资源税																				
城建税																				
教育费附加																				

续表

税费种类	计缴标准	1月	2月	3月	4月	5月	6月	7月	8月	9月	10月	11月	12月	本期合计	T/F	查验索引	调整数 借	调整数 贷	调整索引	本期审定金额
被审计单位提供															审计人员填写					
地方教育附加																				
印花税																				
合计																				
审计说明																				

审计导引表

被审计单位：北京科云家具制造有限公司　　　审核员：　　　日期：2020.01.31
会计期间：2019年度　　　　　　　　　　　　复核员：　　　日期：2020.01.31

项目	本期未审数	账项调整 借方	账项调整 贷方	本期审定数	上期末审定数	索引号
报表数：						
销售费用						
明细数：						
其中：						
销售费用						
审计说明：	销售费用的调整分录见 SD-0"销售费用"调整分录汇总。					
审计结论：						

"销售费用"调整分录汇总

所属会计师事务所:信达会计师事务所　　审核员:　　　　　索引号:SD-0
被审计单位:北京科云家具制造有限公司
审查项目:销售费用　　　　　　　　　会计期间:2019年度　　日期:2020.01.31

上年发生额		
上年未审数	审计调整数	上年审定数
	—	

期初数—调整事项:					
调整事项说明	会计分录		调整金额		底稿索引
	一级科目	二级科目	借方	贷方	
—	—	—	—	—	

本年发生额		
本期未审数	审计调整数	本期审定数
	—	

期末数—调整事项:					
调整事项说明	会计分录		调整金额		底稿索引
	一级科目	二级科目	借方	贷方	

销售费用审定表

所属会计师事务所：信达会计师事务所　　审核员：　　　　　索引号：SD-1
被审计单位：北京科云家具制造有限公司
审查项目：销售费用　　　　　　　　　　会计期间：2019年度　　日期：2020.01.31

项目	本期未审数	查验索引	审计调整 借	审计调整 贷	调整索引	审定数
福利费						
展览费						
差旅费						
业务招待费						
房租费						
工资						
社会保险费						
住房公积金						
折旧费						
广告费						
合计						
审计结论						

"销售费用"分月发生额汇总表

所属会计师事务所：信达会计师事务所　　审核员：　　　　　索引号：SD-2
被审计单位：北京科云家具制造有限公司
审查项目：销售费用　　　　　　　　　　会计期间：2019年度　　日期：2020.01.31

被审计单位提供

序号	项目	1月	2月	3月	4月	5月	6月	7月	8月	9月	10月	11月	12月	累计	项目比重
1	福利费														
2	展览费														
3	差旅费														
4	业务招待费														
5	房租费														
6	工资														
7	社会保险费														
8	住房公积金														
9	折旧费														
10	广告费														
合计															100%
月发生额比重														100%	

审计结论：

销售费用本期与上年同期比较

所属会计师事务所:信达会计师事务所　　审核员:　　索引号:SD-3
被审计单位:北京科云家具制造有限公司
审查项目:销售费用　　会计期间:2019 年度　　日期:2020.01.31

序号	项目	本期未审发生额		上年同期审定额		增减额	增减比例	变动分析
		金额	比重	金额	比重			
1	福利费							
2	展览费							
3	差旅费							
4	业务招待费							
5	房租费							
6	工资							
7	社会保险费							
8	住房公积金							
9	折旧费							
10	广告费							
合计			100%		100%			

销售费用凭证测试

所属会计师事务所:信达会计师事务所　　审核员:　　索引号:SD-30-1
被审计单位:北京科云家具制造有限公司
审查项目:销售费用　　会计期间:2019 年度　　日期:2020.01.31

"销售费用-＿＿＿工资＿＿＿＿＿＿"本期发生额:＿＿＿＿＿＿＿＿＿＿＿＿＿＿＿

一、项目抽查原因:

二、样本确定方法及标准:

三、凭证测试:

续表

日期	凭证编号	业务内容	会计分录				附件	核对内容					审计结论
			一级科目	二级科目	借方金额	贷方金额		1	2	3	4	5	
2019-03-31													

核对内容说明：

1. 原始凭证内容完整。

2. 有授权批准。

3. 账务处理正确。

4. 账证的内容相符。

5. 账证的金额相符。

四、审计结论：

销售费用截止性测试

所属会计师事务所：信达会计师事务所　　审核员：　　索引号：SD-40
被审计单位：北京科云家具制造有限公司
审查项目：销售费用　　　　　　　　　　会计期间：2019年度　　日期：2020.01.31

日期	凭证编号	业务内容	会计分录			业务应归属期限		是否跨期	
			对应一级科目	二级科目	费用金额	本期(√)	下期(√)	否(√)	是(√)
2019-12-31									
2019-12-31									
2019-12-31									
2020-01-04									
2020-01-13									

审计结论：

审计导引表

被审计单位：北京科云家具制造有限公司　　审核员：　　日期：2020.01.31
会计期间：2019年度　　　　　　　　　　复核员：　　日期：2020.01.31

项目	本期未审数	账项调整		本期审定数	上期末审定数	索引号
		借方	贷方			
报表数：						
财务费用						
明细数：						
其中：						
财务费用						

审计说明：财务费用的调整分录见 SF-0"财务费用"调整分录汇总。
审计结论：

"财务费用"调整分录汇总

所属会计师事务所:信达会计师事务所　　　　审核员:　　　　索引号:SF-0
被审计单位:北京科云家具制造有限公司
审查项目:财务费用　　　　会计期间:2019年度　　　　日期:2020.01.31

上年发生额		
上年未审数	审计调整数	上年审定数
	—	

期初数—调整事项:

调整事项说明	会计分录		调整金额		底稿索引
	一级科目	二级科目	借方	贷方	
—	—	—	—	—	—

本年发生额		
本期未审数	审计调整数	本期审定数
	—	

期末数—调整事项:

调整事项说明	会计分录		调整金额		底稿索引
	一级科目	二级科目	借方	贷方	

财务费用审定表

所属会计师事务所:信达会计师事务所　　审核员：　　索引号:SF-3
被审计单位:北京科云家具制造有限公司
审查项目:财务费用　　会计期间:2019年度　　日期:2020.01.31

项目		本期未审数	查验索引	审计调整		调整索引	审定数
				借	贷		
1.利息支出	银行贷款						
	企业借款						
	票据贴息						
	其他						
2.减:利息收入	金融机构存款						
	企业借款						
3.汇兑损益	金额						
	其中货币资金的汇兑损益						
4.其他	手续费						
	其他						
合计							
审计结论							

财务费用分月发生额汇总表

所属会计师事务所：信达会计师事务所　　　审核员：　　　　　　索引号：SF-1
被审计单位：北京科云家具制造有限公司
审查项目：财务费用　　　　　　　　　　　会计期间：2019年度　　　日期：2020.01.31

项目		1月	2月	3月	4月	5月	6月	7月	8月	9月	10月	11月	12月	未审数合计	项目比重
1.利息支出	银行贷款														
	企业借款														
	票据贴息														
	其他														
	小计														
2.减:利息收入	金融机构存款														
	企业借款														
	小计														
3.汇兑损益	金额														
	其中货币资金的汇兑损益														
4.其他	手续费														
	其他														
	小计														
合计															
月发生额比重															
审计结论															

财务费用本期与上年同期比较

所属会计师事务所:信达会计师事务所　　审核员:　　　　索引号:SF-2
被审计单位:北京科云家具制造有限公司
审查项目:财务费用　　　　　　　　　会计期间:2019年度　　日期:2020.03.14

项目		本期未审发生额		上年同期审定额		增减额	增减比例	变动分析
		金额	比重	金额	比重			
1.利息支出	银行贷款							
	企业借款							
	票据贴息							
	其他							
	小计							
2.减:利息收入	金融机构存款							
	企业借款							
	小计							
3.汇兑损益	金额							
	其中货币资金的汇兑损益							
4.其他	手续费							
	其他							
	小计							
合计								
审计结论								

财务费用凭证测试

所属会计师事务所:信达会计师事务所　　审核员:　　　　索引号:SF-20

被审计单位:北京科云家具制造有限公司

审查项目:财务费用　　　　　　会计期间:2019年度　　日期:2020.01.31

"财务费用—____利息支出_____"本期发生额:_____

一、项目抽查原因:

二、样本确定方法及标准:

三、凭证测试:

日期	凭证编号	业务内容	会计分录				附件	核对内容					审计结论
			一级科目	二级科目	借方金额	贷方金额		1	2	3	4	5	
2019-11-31													
2019-10-31													

核对内容说明:

1.原始凭证内容完整。　　2.有授权批准。

3.账务处理正确。　　　　4.账证的内容相符。

5.账证的金额相符。

四、审计结论:

财务费用截止性测试

所属会计师事务所：信达会计师事务所　　审核员：　　　　　　索引号：SF-30
被审计单位：北京科云家具制造有限公司　　复核员：
审查项目：财务费用　　　　　　　　　　　会计期间：2019年度　　日期：2020.01.31

日期	凭证编号	业务内容	会计分录			业务应归属期限		是否跨期	
			对方科目名称	二级科目	金额	本期(√)	下期(√)	否(√)	是(√)
2019-12-31									
2020-01-31									

审计结论：

审计导引表

被审计单位：北京科云家具制造有限公司　　审核员：　　　　　日期：2020.01.31
会计期间：2019年度　　　　　　　　　　　复核员：　　　　　日期：2020.01.31

项目	本期未审数	账项调整		本期审定数	上期末审定数	索引号
		借方	贷方			
报表数：						
信用减值损失						
明细数：						
其中：						
信用减值损失						

审计说明：信用减值损失的调整分录见 SG-0"信用减值损失"调整分录汇总。
审计结论：

"信用减值损失"调整分录汇总

所属会计师事务所：信达会计师事务所　　审核员：　　索引号：SG-0

被审计单位：北京科云家具制造有限公司

审查项目：信用减值损失　　会计期间：2019年度　　日期：2020.01.31

上年发生额		
上年未审数	审计调整数	上年审定数
	—	

期初数—调整事项：

调整事项说明	会计分录		调整金额		底稿索引
	一级科目	二级科目	借方	贷方	
—	—	—	—	—	—

本年发生额		
本期未审数	审计调整数	本期审定数

期末数—调整事项：

调整事项说明	会计分录		调整金额		底稿索引
	一级科目	二级科目	借方	贷方	

信用减值损失审定表

所属会计师事务所：信达会计师事务所　　审核员：　　　　索引号：SG-1
被审计单位：北京科云家具制造有限公司
审查项目：信用减值损失　　　　　会计期间：2019年度　　日期：2020.01.31

被审计单位提供			审计人员填写						
项目	金额	T/F	查验索引	调整数		调整索引	审定金额	上年同期	增减比例
				借	贷				
坏账损失									
合计									
审计说明									

审计导引表

被审计单位:北京科云家具制造有限公司　　审核员:　　日期:2020.01.31
会计期间:2019年度　　复核员:　　日期:2020.01.31

项目	本期未审数	账项调整		本期审定数	上期末审定数	索引号
		借方	贷方			
报表数:						
营业外收入						
明细数:						
其中:						
营业外收入						
审计说明:	营业外收入的调整分录见 SJ-0"营业外收入"调整分录汇总。					
审计结论:						

"营业外收入"调整分录汇总

所属会计师事务所:信达会计师事务所　　审核员:　　索引号:SJ-0
被审计单位:北京科云家具制造有限公司　　复核员:
审查项目:营业外收入　　会计期间:2019年度　　日期:2020.01.31

上年发生额		
上年未审数	审计调整数	上年审定数
	—	

期初数—调整事项:					
调整事项说明	会计分录		调整金额		底稿索引
	一级科目	二级科目	借方	贷方	
—	—	—	—	—	—

本年发生额		
本期未审数	审计调整数	本期审定数
	—	

续表

期末数—调整事项：

调整事项说明	会计分录		调整金额		底稿索引
	一级科目	二级科目	借方	贷方	

营业外收入明细表

所属会计师事务所：信达会计师事务所　　审核员：　　索引号：SJ-1

被审计单位：北京科云家具制造有限公司

审查项目：营业外收入　　会计期间：2019年度　　日期：2020.01.31

被审计单位提供		审计人员填写					
项目内容	金额	T/F	查验索引	调整数		调整索引	审定金额
				借	贷		
处置非流动资产利得合计							
其中：处置固定资产利得							
处置无形资产利得							
非货币性资产交换利得							
债务重组利得							
政府补助							
盘盈利得							
捐赠利得							
合计							
审计说明							

营业外收入凭证测试

所属会计师事务所：信达会计师事务所　　审核员：　　索引号：SJ-30
被审计单位：北京科云家具制造有限公司
审查项目：营业外收入　　会计期间：2019年度　　日期：2020.01.31

日期	凭证编号	业务内容	会计分录				附件	核对内容					审计结论
			一级科目	二级科目	借方金额	贷方金额		1	2	3	4	5	
2019-02-06													
—													
—													

核对内容说明：

1. 原始凭证内容完整。　　2. 有授权批准。
3. 账务处理正确。　　4. 账证的内容相符。
5. 账证的金额相符。

审计结论：

审计导引表

被审计单位：北京科云家具制造有限公司　　审核员：　　日期：2020.01.31
会计期间：2019年度　　复核员：　　日期：2020.01.31

项目	本期未审数	账项调整		本期审定数	上期末审定数	索引号
		借方	贷方			
报表数：						
营业外支出						
明细数：						
其中：						
营业外支出						

续表

项目	本期未审数	账项调整		本期审定数	上期末审定数	索引号
		借方	贷方			

审计说明：营业外支出的调整分录见SK-0"营业外支出"调整分录汇总。

审计结论：

"营业外支出"调整分录汇总

所属会计事务所：信达会计师事务所　　　审核员：　　　　　索引号：SK-0
被审计单位：北京科云家具制造有限公司　　复核员：
审查项目：营业外支出　　　　　　　　　　会计期间：2019年度　　日期：2020.01.31

上年发生额		
上年未审数	审计调整数	上年审定数
—		

期初数—调整事项：

调整事项说明	会计分录		调整金额		底稿索引
	一级科目	二级科目	借方	贷方	
—	—	—	—	—	—

本年发生额		
本期未审数	审计调整数	本期审定数
—		

期末数—调整事项：

调整事项说明	会计分录		调整金额		底稿索引
	一级科目	二级科目	借方	贷方	

营业外支出明细表

所属会计师事务所：信达会计师事务所　　　审核员：　　　　　索引号：SK-1
被审计单位：北京科云家具制造有限公司
审查项目：营业外支出　　　　　　　　　　会计期间：2019年度　　日期：2020.01.31

被审计单位提供		审计人员填写					
项目内容	金额	T/F	查验索引	调整数		调整索引	审定金额
				借	贷		
处置非流动资产损失合计							
其中：处置固定资产损失							
处置无形资产损失							
非货币性资产交换损失							
债务重组损失							
公益性捐赠支出							
非常损失							
盘亏损失							
赠送							
合计							
审计说明							

营业外支出凭证测试

所属会计师事务所：信达会计师事务所　　审核员：　　　　索引号：SK-20
被审计单位：北京科云家具制造有限公司
审查项目：营业外支出　　会计期间：2019年度　　日期：2020.01.31

日期	凭证编号	业务内容	会计分录					附件	核对内容					审计结论
			一级科目	二级科目	借方金额	贷方金额		1	2	3	4	5	
2019-10-29													
—													
—													
—													

核对内容说明：
1. 原始凭证内容完整。　　2. 有授权批准。
3. 账务处理正确。　　4. 账证的内容相符。
5. 账证的金额相符。

审计结论：

审计导引表

被审计单位：北京科云家具制造有限公司　　审核员：　　　　日期：2020.01.31
会计期间：2019年度　　　　　　　　　　　复核员：　　　　日期：2020.01.31

项目	本期未审数	账项调整		本期审定数	上期末审定数	索引号
		借方	贷方			
报表数：						
所得税费用						
明细数：						
其中：						

续表

项目	本期未审数	账项调整		本期审定数	上期末审定数	索引号
		借方	贷方			
所得税费用						
审计说明:	所得税费用的调整分录见 SL-0 "所得税费用"调整分录汇总。					
审计结论:						

"所得税费用"调整分录汇总

所属会计师事务所:信达会计师事务所　　审核员:　　　　　　索引号:SL-0
被审计单位:北京科云家具制造有限公司　　复核员:
审查项目:所得税费用　　　　　　　　　会计期间:2019 年度　　日期:2020.01.31

上年发生额		
上年未审数	审计调整数	上年审定数
—		

期初数—调整事项:

调整事项说明	会计分录		调整金额		底稿索引
	一级科目	二级科目	借方	贷方	
—					

本年发生额		
本期未审数	审计调整数	本期审定数
—		

期末数—调整事项:

调整事项说明	会计分录		调整金额		底稿索引
	一级科目	二级科目	借方	贷方	

所得税费用明细分类表

所属会计师事务所:信达会计师事务所　　审核员:　　索引号:SL-1
被审计单位:北京科云家具制造有限公司
审查项目:所得税费用　　会计期间:2019年度　　日期:2020.01.31

被审计单位提供		审计人员填写					
项目内容	金额	T/F	查验索引	调整数		调整索引	本期审定金额
				借	贷		
1.当期所得税费用							
其中:							
(1)与当期利润相关的所得税费用							
(2)计入本期的上年所得税财政清算补(+)退(-)数							
2.递延所得税费用(负数为收益)							
合计							
审计说明							

年度所得税应纳税所得额部分项目调整计算表

所属会计师事务所:信达会计师事务所　　审核员:　　索引号:SL-10-100
被审计单位:北京科云家具制造有限公司
审查项目:所得税费用　　会计期间:2019年度　　日期:2020.01.31

项目	金额
1.公益性捐赠列支查验	
本期调整后利润总额	
可税前列支公益性捐赠	
实际账面列支公益性捐赠	
超支金额	
2.业务招待费列支查验	
本年调整后营业收入	
可税前列支业务招待费(交际应酬费)	
实际账面列支业务招待费(交际应酬费)	
超支金额	
3.广告费和业务宣传费列支查验	
可税前列支广告费和业务宣传费	
实际账面列支广告费和业务宣传费	
超支金额	

应纳税所得额明细内容表

所属会计师事务所:信达会计师事务所　　审核员:　　索引号:SL-10
被审计单位:北京科云家具制造有限公司　　复核员:
审查项目:所得税费用　　会计期间:2019年度　　日期:2020.01.31

项目	金额
一、未审利润总额	
加:审计调整	
二、审定金额	
加:纳税调整增加额合计:	
1.工资薪金支出超支	
2.职工福利费支出超支	
3.工会经费支出超支	

续表

项目	金额
4.职工教育经费支出超支	
5.广告费超支	
6.业务宣传费超支	
7.业务招待费超支	
8.公益性捐赠超支	
9.非公益性捐赠支出	
10.利息支出	
11.住房公积金	
12.罚金、罚款和被没收财物的损失	
13.税收滞纳金	
14.各类基本社会保障性缴款	
15.补充养老保险	
16.补充医疗保险	
17.与未实现融资收益相关在当期确认的财务费用	
18.与取得收入无关的支出	
19.不征税收入用于支出所形成的费用	
20.跨期费用	
21.计提坏账损失	
22.存货跌价损失	
23.计提长期投资减值准备	
24.计提固定资产减值	
25.计提在建工程减值	
26.计提无形资产减值	
27.财产损失	
28.固定资产折旧	
29.固定资产(修理费)	
30.长期待摊费用的摊销	
31.无形资产的摊销	
32.投资转让、处置所得调整	
33.收到的政府补助(未列入营业外收入部分)	
34.计提预计负债	

续表

项目	金额
减：纳税调整减少额合计：	
1. 权益法投资收益	
2. 成本法收资收益	
3. 本年摊销的以前年度政府补助收入	
4. 公允价值变动损益	
5. 国债利息收入	
6. 技术开发费加计扣除	
7. 计提的减值准备转回	
8. 以前年度发生的财产损失本年确认	
9. 固定资产折旧	
10. 固定资产（修理费）	
三、本期应纳税所得额	
减：弥补亏损	
四、弥补亏损后应纳税所得额	
五、适用税率	
六、计算的本期应纳所得税额	
七、企业账面计提所得税额	
八、应补提额	

综合实训九

期后事项

被审计单位名称:北京科云家具制造有限公司	编制人:	索引号:G1
被审会计报表属期:2019年度	复核人:	页次:

期后事项	内容
第一时段期后事项	
第二时段期后事项	
第三时段期后事项	

累积错报汇总表

被审计单位名称:北京科云家具制造有限公司	编制人:	索引号:G6
被审会计报表属期:2019年度	复核人:	页次:

错报原因说明	调整分录		调整金额	
	报表项目	明细科目	借方金额	贷方金额
应收账款重分类调整				
应收账款重分类调整				

续表

错报原因说明	调整分录		调整金额	
	报表项目	明细科目	借方金额	贷方金额
应收账款重分类调整				
应收账款重分类调整				
调整多头挂账				
调整多头挂账				
补提应收账款坏账准备				
补提应收账款坏账准备				
家用餐桌提前确认收入,进行调整				
家用餐桌提前确认收入,进行调整				
家用餐桌提前确认收入,进行调整				
家用餐桌提前确认收入,进行调整				
办公桌虚开发票,进行调整				
办公桌虚开发票,进行调整				
办公桌虚开发票,进行调整				
应收账款重分类调整				
应收账款重分类调整				
销售包装物挂错科目				
销售包装物挂错科目				
应付账款重分类调整				
应付账款重分类调整				
冲销折旧				

续表

错报原因说明	调整分录		调整金额	
	报表项目	明细科目	借方金额	贷方金额
冲销折旧				
计提其他应收款坏账准备				
计提其他应收款坏账准备				
调整6月出售包装材料成本				
调整6月出售包装材料成本				
调整销售费用跨期				
调整销售费用跨期				
调整销售费用跨期				
调整销售费用跨期				
调整销售费用跨期				
调整销售费用跨期				
调整管理费用跨期				
调整管理费用跨期				
调整管理费用跨期				
补提递延所得税资产				
补提印花税				
补提印花税				
冲销当期应纳所得税费用				
冲销当期应纳所得税费用				
处理盘亏科目挂错				
处理盘亏科目挂错				

续表

错报原因说明	调整分录		调整金额	
	报表项目	明细科目	借方金额	贷方金额
其他应付款重分类				
其他应付款重分类				
其他应付款重分类				
其他应付款重分类				
冲销附加税				
冲销附加税				
冲销附加税				
冲销附加税				
补提盈余公积				
补提盈余公积				
补提盈余公积				

试算平衡表

报表项目	期末未审数	借方调整额	贷方调整额	期末审定数
流动资产：				
货币资金				
交易性金融资产				
应收票据				
应收账款				
预付款项				
应收利息				
应收股利				
其他应收款				
存货				
一年内到期的非流动资产				
其他流动资产				

续表

报表项目	期末未审数	借方调整额	贷方调整额	期末审定数
流动资产合计		—	—	
非流动资产：				
债券投资				
其他债券投资				
长期应收款				
长期股权投资				
投资性房地产				
固定资产				
在建工程				
工程物资				
固定资产清理				
生产性生物资产				
油气资产				
无形资产				
开发支出				
商誉				
长期待摊费用				
递延所得税资产				
其他非流动资产				
非流动资产合计		—	—	
资产合计		—	—	
流动负债：				
短期借款				
交易性金融负债				
应付票据				
应付账款				
预收款项				
应付职工薪酬				
应交税费				
应付利息				

续表

报表项目	期末未审数	借方调整额	贷方调整额	期末审定数
应付股利				
其他应付款				
一年内到期的非流动负债				
其他流动负债				
流动负债合计		—	—	
非流动负债：				
长期借款				
应付债券				
长期应付款				
专项应付款				
预计负债				
递延所得税负债				
其他非流动负债				
非流动负债合计				
负债合计		—	—	
所有者权益（或股东权益）				
实收资本（或股本）				
资本公积				
减：库存股				
盈余公积				
未分配利润		—	—	
所有者权益（或股东权益）合计		—	—	
负债和所有者权益（或股东权益）总计		—	—	
一、营业收入				
减：营业成本				
税金及附加				
销售费用				
管理费用				
财务费用				
信用减值损失				

续表

报表项目	期末未审数	借方调整额	贷方调整额	期末审定数
加:公允价值变动收益(损失以"－"号填列)				
投资收益(损失以"－"号填列)				
其中:对联营企业和合营企业的投资收益				
二、营业利润(亏损以"－"号填列)		—	—	
加:营业外收入				
减:营业外支出				
其中:非流动资产处置损失				
三、利润总额(亏损总额以"－"号填列)		—	—	
减:所得税费用				
四、净利润(净亏损以"－"号填列)		—	—	
归属于母公司股东的净利润				
少数股东损益				
加:年初未分配利润				
年初盈余公积				
利润分配—收到上缴利润				
年初未分配利润调整				
利润分配其他(成本法改权益法)				
五、可分配利润		—	—	
减:提取法定公积金		—	—	
分给其他单位利润				
其他—员工奖励基金				
利润再投资				
六、可供股分配的利润		—	—	
减:应付优先股股利				
提取任意公积金		—		
应付普通股股利				
转作股本的普通股股利				
七、未分配利润		—	—	

会计报表审计调整及审计报告反馈意见表

信达会计师事务所（特殊普通合伙）：

  我公司委托贵所注册会计师审计的 2019 年度会计报表及审计报告已收悉，经有关人员进行认真核实后，现对贵所审计意见反馈意见如下：

一、关于会计报表审计识别错报调整事项（附件一）
意见：无

二、关于会计报表审计识别未更正错报事项（附件二）
意见：无

三、关于审计报告意见类型
意见：无

  结论：除上述意见以外，我公司对后附调整分录予以接受，同意按调整分录要求调整我公司账务。

        委托单位（签章）：   法定代表人：（签章）

                     财务负责人：（签章）

                     2020 年 03 月 03 日

项目经理复核意见

被审计单位名称:北京科云家具制造有限公司　　编制人:　　索引号:G15
被审会计报表属期:2019 年度　　复核人:　　页次:

序号	复核事项	复核记录	结论	是否为疑虑事项
1	已完成的审计计划,以及导致对审计计划做出重大修改的事项			
2	重要的财务报表项目			
	营业收入			
	营业成本			
	存货			
	货币资金			
3	特殊交易或事项			
	债务重组			
	关联方交易			
	非货币性交易			
	或有事项			
	期后事项			
	持续经营能力			
4	会计政策、会计估计的变更			
5	建议调整事项			
6	管理层声明书,股东大会、董事会相关会议纪要,与客户的沟通记录及重要会谈记录,律师询证函复函			
7	已审计财务报表和拟出具的审计报告			

项目合伙人复核意见

被审计单位名称:北京科云家具制造有限公司　　编制人:　　索引号:G17
被审会计报表属期:2019年度　　　　　　　　　复核人:　　页次:

序号	复核事项	复核记录	结论	是否为疑虑事项
1	对已完成的审计计划,以及导致对审计计划做出重大修改的事项进行复核			
2	对重大事项概要进行复核			
3	对存在特别风险的审计领域,以及针对这些特别风险拟采取的应对措施进行复核			
4	对项目组做出的重大判断进行复核			
5	对项目组审计调整事项及未调整事项进行复核,评价其恰当性和影响			
6	对管理层声明书,股东大会、董事会相关会议纪要进行复核			
7	对审计小结进行复核			
8	以审计财务报表和拟出具的审计报告为整体进行复核与评价			

书面声明书

信达会计师事务所(特殊普通合伙)并张信义注册会计师:

　　本声明书是针对你们审计北京科云家具制造有限公司截至2019年12月31日的年度财务报表而提供的。审计的目的是对财务报表发表意见,以确定财务报表是否在所有重大方面已按照企业会计准则的规定编制,并实现公允反映。

　　尽我们所知,并在做出了必要的查询和了解后,我们确认:

一、财务报表

1. 我们已履行 2019 年 10 月 15 日签署的审计业务约定书中提及的责任,即根据企业会计准则的规定编制财务报表,并对财务报表进行公允反映。

2. 我们认可其关于设计、执行和维护内部控制以防止和发现舞弊的责任。

3. 在做出会计估计时使用的重大假设(包括与公允价值计量相关的假设)是合理的。

4. 已按照适用的财务报告编制基础,对所有知悉的、已经或可能发生的、在编制财务报表时应当考虑其影响的诉讼和索赔事项进行了会计处理和披露。

5. 已按照企业会计准则的规定对关联方关系及其交易做出了恰当的会计处理和披露。

6. 所有在财务报表日后发生的,按照适用的财务报告编制基础的规定应予以调整或披露的事项均已得到调整或披露。

二、提供的信息

7. 我们已向你们提供下列工作条件:

(1) 允许接触我们注意到的、与财务报表编制相关的所有信息(如记录、文件和其他事项);

(2) 提供你们基于审计目的要求我们提供的其他信息;

(3) 允许在获取审计证据时不受限制地接触你们认为必要的本公司内部人员和其他相关人员。

8. 所有交易均已记录并反映在财务报表中。

9. 我们已向你们披露了由于舞弊可能导致的财务报表重大错报风险的评估结果。

10. 我们已向你们披露了我们注意到的、可能影响本公司的与舞弊或舞弊嫌疑相关的所有信息,这些信息涉及本公司的:

(1) 管理层;

(2) 在内部控制中承担重要职责的员工;

(3) 其他人员(在舞弊行为导致财务报表重大错报的情况下)。

11. 我们已向你们披露了从现任和前任员工、分析师、监管机构等方面获知的、影响财务报表的舞弊指控或舞弊嫌疑的所有信息。

12. 我们已向你们披露了所有已知的、在编制财务报表时应当考虑其影响的违反或涉嫌违反法律法规的行为。

13. 我们已向你们披露了全部已知的关联方的名称和特征、所有关联方关系及其交易。

北京科云家具制造有限公司　　　　　　北京科云家具制造有限公司管理层(章)
许建辉(签名并盖章)

2020 年 3 月 31 日

审计总结

一、被审计单位基本情况

北京科云家具制造有限公司于 2018 年 12 月 1 日领取了北京市工商行政管理局核发的 21278926-3 号企业法人营业执照,注册资本 580 万元。注册地址:北京市高新园区 9 号。法定代表人:许建辉。北京科云家具制造有限公司主营自己生产的办公桌和家用餐桌以及外购一部分实木家用餐桌椅。北京科云家具制造有限公司处于逐步开拓阶段。公司设有总经办、行政部、财务部、市场部、采购部、仓库、生产车间。

二、审计范围

我们接受北京科云家具制造有限公司全体股东的委托,按照《中国注册会计师审计准则》审计该企业根据企业会计准则编制的截至 2019 年 12 月 31 日资产负债表以及 2019 年度的利润表、所有者权益变动表和现金流量表及财务报表附注。

三、评估的财务报表层次的重大错报风险及总体应对措施

在审计计划阶段,我们以营业收入为基准制定了财务报表整体重要性水平为 20720 元,实际执行的重要性水平为 10360 元。根据风险评估结果,我们重点关注营业收入、营业成本、存货项目。

四、审计计划执行情况

根据审计计划的时间安排,我们较好地完成了相应的审计程序。对营业收入,实施了分析审计程序,抽查合同核对发票、出库单等审计程序,并结合应收的函证程序进行了审计。对于营业成本和存货项目,实施了分析审计程序,测试了存货发出计价方法,结合存货的监盘审计程序,发现存货计价方法未按照会计政策执行。

五、审计结论

我们认为,我们的审计范围是足够的,取得了充分适当的审计证据,我们的工作满足职业道德要求:北京科云家具制造有限公司已审财务报表已经按照企业会计准则的规定编制,在所有重大方面公允地反映了其 2019 年 12 月 31 日的财务状况以及 2019 年度的经营成果和现金流量。

六、对下年度审计的建议

关注营业成本的核算。

信达会计师事务所(特殊普通合伙)

项目经理:

2020 年 3 月 31 日

重要审计工作完成情况核对表

被审计单位名称:北京科云家具制造有限公司　　编制人:　　索引号:G19
被审会计报表属期:2019年度　　复核人:　　页次:

序号	审计工作	完成情况
1	是否执行业务承接或保持的相关程序	
2	是否签订审计业务约定书	
3	是否制订总体审计策略	
4	审计计划制订过程中,是否了解被审计单位及其环境并评估重大错报风险,包括舞弊风险	
5	是否召开项目组会议	
6	是否已获取所有必要的来自银行、律师、债权人、债务人、持有存货的第三方等外部机构……	
7	所有重要实物资产是否均已实施监盘	
8	当涉及其他注册会计师的工作时,对其他注册会计师的工作结果是否满意	
9	计划执行的各项审计程序是否全部执行完毕,对未能执行的审计程序是否实施了替代审计程序	
10	审计范围是否受到限制	
11	是否审查期后事项,并考虑对财务报表的影响	
12	是否审查或有事项,并考虑对财务报表的影响	
13	是否审查关联及关联方交易,并考虑对财务报表的影响	
14	是否审查对被审计单位持续经营能力具有重大影响的事项	
15	是否及时查阅了已审财务报表相关的其他信息,并充分考虑了其他信息对已审计财务报表……	
16	是否已就审计中发现的重大错报及其他对财务报表产生重大影响的重大事项与适当层次……	
17	是否在审计结束时或临近结束时对财务报表进行总体复核	
18	是否召开项目组会议,并确定建议调整事项和试算平衡表草表	
19	是否获取被审计单位对所有调整事项的确认	

续表

序号	审计工作	完成情况
20	董事会或管理层是否接受已审计财务报表	
21	项目负责经理是否已复核工作底稿	
22	项目负责合伙人是否已复核工作底稿	
23	是否已取得经签署的管理层声明书原件,并确定其签署日期与审计报告一致	

综合实训十

审计报告

信达京审字＿＿2019＿＿第＿＿00088＿＿号

＿＿＿＿＿＿＿＿＿＿＿＿＿＿＿＿＿＿公司全体股东：

一、对财务报表出具的审计报告

（一）否定意见

我们审计了＿＿＿＿＿＿＿＿＿＿＿＿＿＿＿有限公司（以下简称＿＿＿＿＿＿＿＿＿＿＿＿＿＿＿公司）财务报表，包括＿＿＿＿年＿＿＿＿月＿＿＿＿日的资产负债表，＿＿＿＿年度的利润表、现金流量表、股东权益变动表以及相关财务报表附注。

我们认为，由于"形成否定意见的基础"部分所述事项的重要性，财务报表没有在所有重大方面按照适用的财务报告编制基础编制，未能公允反映＿＿＿＿＿＿＿＿＿＿＿＿＿＿＿公司＿＿＿＿年＿＿＿＿月＿＿＿＿日的财务状况以及＿＿＿＿年度的经营成果和现金流量。

（二）形成否定意见的基础

＿＿

＿＿

＿＿

＿＿

＿＿

我们按照《中国注册会计师审计准则》的规定执行了审计工作。审计报告的"注册会计师对财务报表审计的责任"部分进一步阐述了我们在这些准则下的责任。按照中国注册会计师职业道德守则，我们独立于＿＿＿＿＿＿＿＿＿＿＿＿＿＿＿＿＿＿＿公司，并履行了职业道德方面的其他责任。我们相信，我们获取的审计证据是充分、适当的，为发表否定意见提供了基础。

（三）关键审计事项

关键审计事项是根据我们的职业判断，认为对本期财务报表审计最为重要的事项。这些事项是在对财务报表整体进行审计并形成意见的背景下进行处理的，我们不对这些事项提供单独的意见。除"形成否定意见的基础"部分所述事项外,我们确定下列事项是需要在审计报告中沟通的关键审计事项。

_____

_____

_____

_____

(四)管理层和治理层对财务报表的责任

管理层负责按照企业会计准则的规定编制财务报表,使其实现公允反映,并设计、执行和维护必要的内部控制,以使财务报表不存在由于舞弊或错误导致的重大错报。

在编制财务报表时,管理层负责评估_____公司的持续经营能力,披露与持续经营相关的事项(如适用),并运用持续经营假设,除非计划清算_____公司、停止营运或别无其他现实的选择。

治理层负责监督_____公司的财务报告过程。

(五)注册会计师对财务报表审计的责任

我们的目标是对财务报表整体是否不存在由于舞弊或错误导致的重大错报获取合理保证,并出具包含审计意见的审计报告。合理保证是高水平的保证,但并不能保证按照审计准则执行的审计在某一重大错报存在时总能发现。错报可能由于舞弊或错误导致,如果合理预期错报单独或汇总起来可能影响财务报表使用者依据财务报表做出的经济决策,则通常认为错报是重大的。

在按照审计准则执行审计的过程中,我们运用了职业判断,保持了职业怀疑。我们同时:

(1)识别和评估由于舞弊或错误导致的财务报表重大错报风险;对这些风险有针对性地设计和实施审计程序;获取充分、适当的审计证据,作为发表审计意见的基础。由于舞弊可能涉及串通、伪造、故意遗漏、虚假陈述或凌驾于内部控制之上,未能发现由于舞弊导致的重大错报的风险高于未能发现由于错误导致的重大错报的风险。

(2)了解与审计相关的内部控制,以设计恰当的审计程序,但目的并非对内部控制的有效性发表审计意见。

(3)评价管理层选用会计政策的恰当性和做出会计估计及相关披露的合理性。

(4)对管理层使用持续经营假设的恰当性得出结论。同时,根据获取的审计证据,就可能导致对_____公司持续经营能力产生重大疑虑的事项或情况是否存在重大不确定性得出结论。如果我们得出结论认为存在重大不确定性,审计准则要求我们在审计报告中提请报表使用者注意财务报表中的相关披露;如果披露不充分,我们应当发表非无保留意见。我们的结论基于审计报告日可获得的信息。然而,未来的事项或情况可能导致_____公司不能持续经营。

(5)评价财务报表的总体列报,结构和内容(包括披露),并评价财务报表是否公允反映相关交易和事项。

我们与治理层就计划的审计范围、时间安排和重大审计发现(包括我们在审计中识别的值得关注的内部控制缺陷)等事项进行沟通。

我们还就遵守关于独立性的相关职业道德要求向治理层提供声明,并就可能被合理认为影响我们独立性的所有关系和其他事项,以及相关的防范措施(如适用)与治理层进行沟通。

从与治理层沟通的事项中,我们确定哪些事项对本期财务报表审计最为重要,因而构成关键审计事项。我们在审计报告中描述这些事项,除非法律法规禁止公开披露这些事项,或在极其罕见的情形下,如果合理预期在审计报告中沟通某事项造成的负面后果超过在公众利益方面产生的益处,我们确定不应在审计报告中沟通该事项。

二、按照相关法律法规的要求报告的事项

_____
_____
_____
_____

信达会计师事务所(特殊普通合伙)　　　中国注册会计师:_____(项目合伙人)

　　(盖章)　　　　　　　　　　　　　　　　　　　　　(签名并盖章)

　　　　　　　　　　　　　　　　　　　中国注册会计师:_____

　　　　　　　　　　　　　　　　　　　　　　　　　　(签名并盖章)

中国北京市　　　　　　　　　　　　　　　2020 年 3 月 31 日

审计报告

信达京审字 ___2019___ 第 ___00088___ 号

_____公司全体股东：

一、对财务报表出具的审计报告

（一）审计意见

我们审计了_____有限公司（以下简称_____公司）财务报表，包括_____年_____月_____日的资产负债表，_____年度的利润表、现金流量表、股东权益变动表以及相关财务报表附注。

我们认为，后附的财务报表在所有重大方面按照企业会计准则的规定编制，公允反映了_____公司_____年_____月_____日的财务状况以及_____年度的经营成果和现金流量。

（二）形成审计意见的基础

我们按照《中国注册会计师审计准则》的规定执行了审计工作。审计报告的"注册会计师对财务报表审计的责任"部分进一步阐述了我们在这些准则下的责任。按照中国注册会计师职业道德守则，我们独立于_____公司，并履行了职业道德方面的其他责任。我们相信，我们获取的审计证据是充分、适当的，为发表审计意见提供了基础。

（三）关键审计事项

关键审计事项是根据我们的职业判断，认为对本期财务报表审计最为重要的事项。这些事项是在对财务报表整体进行审计并形成意见的背景下进行处理的，我们不对这些事项提供单独的意见。

_____

_____

（四）管理层和治理层对财务报表的责任

管理层负责按照企业会计准则的规定编制财务报表，使其实现公允反映，并设计、执行和维护必要的内部控制，以使财务报表不存在由于舞弊或错误导致的重大错报。

在编制财务报表时，管理层负责评估_____公司的持续经营能力，披露与持续经营相关的事项（如适用），并运用持续经营假设，除非计划清算_____公司、停止营运或别无其他现实的选择。

治理层负责监督_____公司的财务报告过程。

（五）注册会计师对财务报表审计的责任

我们的目标是对财务报表整体是否不存在由于舞弊或错误导致的重大错报获取合理保证，并出具包含审计意见的审计报告。合理保证是高水平的保证，但并不能保证按照审计准则执行的审计在某一重大错报存在时总能发现。错报可能由于舞弊或错误导致，如果合理预期错报单独或汇总起来可能影响财务报表使用者依据财务报表做出的经济决策，则通常认为错报是重大的。

在按照审计准则执行审计的过程中，我们运用了职业判断，保持了职业怀疑。我们同时：

(1) 识别和评估由于舞弊或错误导致的财务报表重大错报风险；对这些风险有针对性地设

计和实施审计程序；获取充分、适当的审计证据，作为发表审计意见的基础。由于舞弊可能涉及串通、伪造、故意遗漏、虚假陈述或凌驾于内部控制之上，未能发现由于舞弊导致的重大错报的风险高于未能发现由于错误导致的重大错报的风险。

(2)了解与审计相关的内部控制，以设计恰当的审计程序，但目的并非对内部控制的有效性发表审计意见。

(3)评价管理层选用会计政策的恰当性和做出会计估计及相关披露的合理性。

(4)对管理层使用持续经营假设的恰当性得出结论。同时，根据获取的审计证据，就可能导致对_____公司持续经营能力产生重大疑虑的事项或情况是否存在重大不确定性得出结论。如果我们得出结论认为存在重大不确定性，审计准则要求我们在审计报告中提请报表使用者注意财务报表中的相关披露；如果披露不充分，我们应当发表非无保留意见。我们的结论基于审计报告日可获得的信息。然而，未来的事项或情况可能导致_____公司不能持续经营。

(5)评价财务报表的总体列报，结构和内容(包括披露)，并评价财务报表是否公允反映相关交易和事项。

我们与治理层就计划的审计范围、时间安排和重大审计发现(包括我们在审计中识别的值得关注的内部控制缺陷)等事项进行沟通。

我们还就遵守关于独立性的相关职业道德要求向治理层提供声明，并就可能被合理认为影响我们独立性的所有关系和其他事项，以及相关的防范措施(如适用)与治理层进行沟通。

从与治理层沟通的事项中，我们确定哪些事项对本期财务报表审计最为重要，因而构成关键审计事项。我们在审计报告中描述这些事项，除非法律法规禁止公开披露这些事项，或在极其罕见的情形下，如果合理预期在审计报告中沟通某事项造成的负面后果超过在公众利益方面产生的益处，我们确定不应在审计报告中沟通该事项。

二、按照相关法律法规的要求报告的事项

_____

_____

信达会计师事务所(特殊普通合伙)　　中国注册会计师：_____(项目合伙人)

(盖章)　　　　　　　　　　　　　　　　　　　　(签名并盖章)

　　　　　　　　　　　　　　　　　　　中国注册会计师：_____

　　　　　　　　　　　　　　　　　　　　　　　　　(签名并盖章)

中国北京市　　　　　　　　　　　　　　　2020 年 3 月 31 日

审计报告

信达京审字_____2019_____第_____00088_____号

_____公司全体股东：

一、对财务报表出具的审计报告

(一)保留意见

我们审计了_____有限公司(以下简称_____公司)财务报表,包括_____年_____月_____日的资产负债表,_____年度的利润表、现金流量表、股东权益变动表以及相关财务报表附注。

我们认为,除"形成保留意见的基础"部分所述事项产生的影响外,后附的财务报表在所有重大方面按照企业会计准则的规定编制,公允反映了_____公司_____年_____月_____日的财务状况以及_____年度的经营成果和现金流量。

(二)形成保留意见的基础

_____

_____

我们按照《中国注册会计师审计准则》的规定执行了审计工作。审计报告的"注册会计师对财务报表审计的责任"部分进一步阐述了我们在这些准则下的责任。按照中国注册会计师职业道德守则,我们独立于_____公司,并履行了职业道德方面的其他责任。我们相信,我们获取的审计证据是充分、适当的,为发表保留意见提供了基础。

(三)关键审计事项

关键审计事项是根据我们的职业判断,认为对本期财务报表审计最为重要的事项。这些事项是在对财务报表整体进行审计并形成意见的背景下进行处理的,我们不对这些事项提供单独的意见。除"形成保留意见的基础"部分所述事项外,我们确定下列事项是需要在审计报告中沟通的关键审计事项。

_____

_____

(四)管理层和治理层对财务报表的责任

管理层负责按照企业会计准则的规定编制财务报表,使其实现公允反映,并设计、执行和维护必要的内部控制,以使财务报表不存在由于舞弊或错误导致的重大错报。

在编制财务报表时,管理层负责评估_____公司的持续经营能力,披露与持续经营相关的事项(如适用),并运用持续经营假设,除非计划清算_____公司、停止营运或别无其他现实的选择。

治理层负责监督_____公司的财务报告过程。

(五)注册会计师对财务报表审计的责任

我们的目标是对财务报表整体是否不存在由于舞弊或错误导致的重大错报获取合理保证,并出具包含审计意见的审计报告。合理保证是高水平的保证,但并不能保证按照审计准则执行的审计在某一重大错报存在时总能发现。错报可能由于舞弊或错误导致,如果合理预期错报单独或汇总起来可能影响财务报表使用者依据财务报表做出的经济决策,则通常认为错报是重大的。

在按照审计准则执行审计的过程中,我们运用了职业判断,保持了职业怀疑。我们同时:

(1)识别和评估由于舞弊或错误导致的财务报表重大错报风险;对这些风险有针对性地设计和实施审计程序;获取充分、适当的审计证据,作为发表审计意见的基础。由于舞弊可能涉及串通、伪造、故意遗漏、虚假陈述或凌驾于内部控制之上,未能发现由于舞弊导致的重大错报的风险高于未能发现由于错误导致的重大错报的风险。

(2)了解与审计相关的内部控制,以设计恰当的审计程序,但目的并非对内部控制的有效性发表审计意见。

(3)评价管理层选用会计政策的恰当性和做出会计估计及相关披露的合理性。

(4)对管理层使用持续经营假设的恰当性得出结论。同时,根据获取的审计证据,就可能导致对_____公司持续经营能力产生重大疑虑的事项或情况是否存在重大不确定性得出结论。如果我们得出结论认为存在重大不确定性,审计准则要求我们在审计报告中提请报表使用者注意财务报表中的相关披露;如果披露不充分,我们应当发表非无保留意见。我们的结论基于审计报告日可获得的信息。然而,未来的事项或情况可能导致_____公司不能持续经营。

(5)评价财务报表的总体列报、结构和内容(包括披露),并评价财务报表是否公允反映相关交易和事项。

我们与治理层就计划的审计范围、时间安排和重大审计发现(包括我们在审计中识别的值得关注的内部控制缺陷)等事项进行沟通。

我们还就遵守关于独立性的相关职业道德要求向治理层提供声明,并就可能被合理认为影响我们独立性的所有关系和其他事项,以及相关的防范措施(如适用)与治理层进行沟通。

从与治理层沟通的事项中,我们确定哪些事项对本期财务报表审计最为重要,因而构成关键审计事项。我们在审计报告中描述这些事项,除非法律法规禁止公开披露这些事项,或在极其罕见的情形下,如果合理预期在审计报告中沟通某事项造成的负面后果超过在公众利益方面产生的益处,我们确定不应在审计报告中沟通该事项。

二、按照相关法律法规的要求报告的事项

_____

_____

信达会计师事务所(特殊普通合伙)　　中国注册会计师:_____(项目合伙人)

(盖章)　　　　　　　　　　　　　　　　　　　　　　　(签名并盖章)

　　　　　　　　　　　　　　　中国注册会计师:_____

　　　　　　　　　　　　　　　　　　　　　　　(签名并盖章)

中国北京市　　　　　　　　　　　　　　　　　2020 年 3 月 31 日

审计报告

信达京审字 ___2019___ 第 ___00088___ 号

_____公司全体股东：

一、对财务报表出具的审计报告

(一)无法表示意见

我们接受委托审计_____有限公司(以下简称_____公司)财务报表，包括_____年_____月_____日的资产负债表，_____年度的利润表、现金流量表、股东权益变动表以及相关财务报表附注。

我们不对后附的_____公司财务报表发表审计意见。由于"形成无法表示意见的基础"部分所述事项的重要性，我们无法获取充分、适当的审计证据以作为对财务报表发表审计意见的基础。

(二)形成无法表示意见的基础

_____
_____
_____
_____
_____
_____
_____
_____

(三)管理层和治理层对财务报表的责任

管理层负责按照企业会计准则的规定编制财务报表，使其实现公允反映，并设计、执行和维护必要的内部控制，以使财务报表不存在由于舞弊或错误导致的重大错报。

在编制财务报表时，管理层负责评估_____公司的持续经营能力，披露与持续经营相关的事项(如适用)，并运用持续经营假设，除非计划清算_____公司、停止营运或别无其他现实的选择。

治理层负责监督_____公司的财务报告过程。

(四)注册会计师对财务报表审计的责任

我们的责任是按照《中国注册会计师审计准则》的规定，对_____公司的财务报表执行审计工作，以出具审计报告。但由于"形成无法表示意见的基础"部分所述的事项，我们无法获取充分、适当的审计证据以作为发表审计意见的基础。

按照中国注册会计师职业道德守则，我们独立于_____公司，并履行了职业道德方面的其他责任。

二、按照相关法律法规的要求报告的事项

_____
_____
_____
_____
_____
_____
_____
_____

信达会计师事务所（特殊普通合伙）　　　　中国注册会计师：_____（项目合伙人）

　　　（盖章）　　　　　　　　　　　　　　　　　　　（签名并盖章）

　　　　　　　　　　　　　　　　　　　中国注册会计师：_____

　　　　　　　　　　　　　　　　　　　　　　　（签名并盖章）

中国北京市　　　　　　　　　　　　　　　__2020__年__3__月__31__日

审计报告

信达京审字 ___2019___ 第 ___00088___ 号

_____公司全体股东：

一、对财务报表出具的审计报告

(一)保留意见

我们审计了_____有限公司(以下简称_____公司)财务报表，包括_____年_____月_____日的资产负债表，_____年度的利润表、现金流量表、股东权益变动表以及相关财务报表附注。

我们认为，除"形成保留意见的基础"部分所述事项产生的影响外，后附的财务报表在所有重大方面按照企业会计准则的规定编制，公允反映了_____公司_____年_____月_____日的财务状况以及_____年度的经营成果和现金流量。

(二)形成保留意见的基础

_____

_____

_____

我们按照《中国注册会计师审计准则》的规定执行了审计工作。审计报告的"注册会计师对财务报表审计的责任"部分进一步阐述了我们在这些准则下的责任。按照中国注册会计师职业道德守则，我们独立于_____公司，并履行了职业道德方面的其他责任。我们相信，我们获取的审计证据是充分、适当的，为发表保留意见提供了基础。

(三)强调事项

我们提醒财务报表使用者关注，财务报表附注描述了_____

_____

_____

本段内容不影响已发表的审计意见。

(四)管理层和治理层对财务报表的责任

管理层负责按照企业会计准则的规定编制财务报表，使其实现公允反映，并设计、执行和维护必要的内部控制，以使财务报表不存在由于舞弊或错误导致的重大错报。

在编制财务报表时，管理层负责评估_____公司的持续经营能力，披露与持续经营相关的事项(如适用)，并运用持续经营假设，除非计划清算_____公司、停止营运或别无其他现实的选择。

治理层负责监督_____公司的财务报告过程。

(五)注册会计师对财务报表审计的责任

我们的目标是对财务报表整体是否不存在由于舞弊或错误导致的重大错报获取合理保证，并出具包含审计意见的审计报告。合理保证是高水平的保证，但并不能保证按照审计准则执行的审计在某一重大错报存在时总能发现。错报可能由于舞弊或错误导致，如果合理预期错报单独或汇总起来可能影响财务报表使用者依据财务报表做出的经济决策,则通常认为错报是重大的。

在按照审计准则执行审计的过程中,我们运用了职业判断,保持了职业怀疑。我们同时:

(1)识别和评估由于舞弊或错误导致的财务报表重大错报风险;对这些风险有针对性地设计和实施审计程序;获取充分、适当的审计证据,作为发表审计意见的基础。由于舞弊可能涉及串通、伪造、故意遗漏、虚假陈述或凌驾于内部控制之上,未能发现由于舞弊导致的重大错报的风险高于未能发现由于错误导致的重大错报的风险。

(2)了解与审计相关的内部控制,以设计恰当的审计程序,但目的并非对内部控制的有效性发表审计意见。

(3)评价管理层选用会计政策的恰当性和做出会计估计及相关披露的合理性。

(4)对管理层使用持续经营假设的恰当性得出结论。同时,根据获取的审计证据,就可能导致对_____公司持续经营能力产生重大疑虑的事项或情况是否存在重大不确定性得出结论。如果我们得出结论认为存在重大不确定性,审计准则要求我们在审计报告中提请报表使用者注意财务报表中的相关披露;如果披露不充分,我们应当发表非无保留意见。我们的结论基于审计报告日可获得的信息。然而,未来的事项或情况可能导致_____公司不能持续经营。

(5)评价财务报表的总体列报,结构和内容(包括披露),并评价财务报表是否公允反映相关交易和事项。

我们与治理层就计划的审计范围、时间安排和重大审计发现(包括我们在审计中识别的值得关注的内部控制缺陷)等事项进行沟通。

我们还就遵守关于独立性的相关职业道德要求向治理层提供声明,并就可能被合理认为影响我们独立性的所有关系和其他事项,以及相关的防范措施(如适用)与治理层进行沟通。

二、按照相关法律法规的要求报告的事项

_____

_____

_____

信达会计师事务所(特殊普通合伙)　　　中国注册会计师:_____(项目合伙人)

　　(盖章)　　　　　　　　　　　　　　　　　　　　(签名并盖章)

　　　　　　　　　　　　　　　　　　中国注册会计师:_____

　　　　　　　　　　　　　　　　　　　　(签名并盖章)

中国北京市　　　　　　　　　　　　　　　2020 年 3 月 31 日